本书出版受到湖南师范大学"省双一流学科建设项目"资助

基于数字信号处理理论的信息检索模型研究

应志为　著

WUHAN UNIVERSITY PRESS
武汉大学出版社

图书在版编目(CIP)数据

基于数字信号处理理论的信息检索模型研究/应志为著.—武汉：
武汉大学出版社,2022.12
ISBN 978-7-307-23383-6

Ⅰ.基… Ⅱ.应… Ⅲ.信息检索—研究 Ⅳ.G254.9

中国版本图书馆 CIP 数据核字(2022)第 198433 号

责任编辑:唐 伟 责任校对:李孟潇 版式设计:马 佳

出版发行: 武汉大学出版社 (430072 武昌 珞珈山)
(电子邮箱:cbs22@ whu.edu.cn 网址:www.wdp.com.cn)
印刷:武汉邮科印务有限公司
开本:720×1000 1/16 印张:8.5 字数:136 千字 插页:1
版次:2022 年 12 月第 1 版 2022 年 12 月第 1 次印刷
ISBN 978-7-307-23383-6 定价:48.00 元

前　　言

随着大数据时代到来，各行各业的信息检索系统用户为从海量信息中精准高效获取所需信息，对信息检索模型的查准率提出了较高要求。在信息检索领域发展的数十年中，国内外相关研究主要针对诸如概率模型、统计语言模型以及向量空间模型等主流检索模型进行实现与优化，而很少有研究涉及其他类型的检索模型及相应的模型构架。通过参阅文献发现，近些年提出的主流检索模型检索准确率提升幅度较小，其发展陷入瓶颈，而领域内对新类型模型或构架产生的需求十分迫切。近些年来，一些新兴检索模型与相应构架的提出在领域内引起较多关注。其中特别需要关注的是基于数字信号处理（Digital Signal Processing，DSP）理论的信息检索模型，该类模型较为新颖地引入了数字信号处理领域的相关理论与概念进行检索模型构建。依据现阶段相关研究结果，该类模型在诸多方面存在一定缺陷，具备较大的效果提升空间。本书所提出的检索模型与构架同样基于数字信号处理理论与概念，对当前基于 DSP 理论的模型与构架进行了多方面优化，其主要创新点为：

（1）从新的角度提出了一种基于 DSP 理论的信息检索模型构架 DSPF（Digital Signal Processing Based Framework）。在以往的同类模型构架中，文档被表示为一个滤波器组，采用频域表示；同时，查询词项被表示为信号，却被采用时域表示，因此为保证滤波计算过程中二者形式的统一，模型必须对信号进行时/频域转换，从而导致实现过程烦琐。此外，以往的模型构架仅将查询词项表示为单一一种信号，且没有为其设置可供人工调节的超参数，使模型效果不够理想。本研究所提出的 DSPF 模型构架则将查询词项表示为频谱（信号的频域表示），该表示方式可省去以往同类型构架中对于信号的时频域转化过程。此外，为了进一步提高查准率，DSPF 构架将每个查询词项表示为以七种不同核函数（Gaussian，Triangle，Circle，Cosine，Quartic，Epanechnikov，Triweight）图形为包络的频谱。

此外，DSPF 模型构架为每种频谱表示均设置了超参数，通过同步调节频谱宽度以及滤波器宽度获得较高的查准率。

（2）将概率模型的词项权重计算方式进行改进，并引入 DSPF 模型构架，提出模型 DSPF-BM25，并将该模型与 7 种核函数逐一结合。为检验模型有效性，本实验依据以 MAP（平均正确率均值）为主要参考的多个查准率评价指标，对 DPSF-BM25 在与各个核函数进行结合时的检索效果在五个新闻标准数据集与两个网络爬取文本数据集上进行检验。结果显示，以 MAP（平均正确率均值）为依据时，DPSF-BM25 在与 Gaussian 与 Cosine 核函数结合时效果最佳，在所有数据集上其查准率均高于经典概率模型 BM25、BM25+以及当前效果最佳的基于 DSP 理论的检索模型 LSPR-BM25。

（3）将统计语言模型的词项权重计算方式进行改进，并引入 DSPF 模型构架，提出模型 DSPF-DLM，并将该模型与 7 种核函数逐一结合。这也是首次将统计语言模型的词项权重计算方式引入基于 DSP 理论的模型构架。为检验模型有效性，本实验依据以 MAP（平均正确率均值）为主要参考的多个查准率评价指标，对 DPSF-DLM 在与 7 个核函数进行结合时的检索效果在五个新闻标准数据集与两个网络爬取文本数据集上进行检验。结果显示，以 MAP 为依据时，DPSF-DLM 在与 Gaussian 与 Cosine 核函数结合时效果最佳，在大多数数据集上其查准率均高于经典统计语言模型 DLM。

（4）将向量空间模型的词项权重计算方式进行改进，并引入 DSPF 模型构架，提出模型 DSPF-MATF，并将该模型与 7 种核函数逐一结合。为检验模型有效性，本实验依据以 MAP（平均正确率均值）为主要参考的多个查准率评价指标，对 DPSF-MATF 在与各个核函数进行结合时的检索效果在五个新闻标准数据集与两个网络爬取文本数据集上进行检验。结果显示，以 MAP（平均正确率均值）为依据时，DPSF-MATF 在与各个核函数结合时效果无明显差异，几乎在所有数据集上，其查准率均高于 BM25、DLM、LSPR-BM25、经典向量空间模型 MATF 以及本研究所提出的 DSPF-BM25 与 DSPF-DLM。

（5）初步实现了一个基于 DSPF 构架的医学文献检索系统。它可以根据医务人员提交的查询，较为准确地搜寻到诸如诊断、治疗与护理等方面的文献资料。为医务人员在为患者提供医疗服务的各个环节提供参考方案。

目　　录

图　目　录

表 目 录

第1章 绪 论

1.1 研究背景与研究意义

1.1.1 研究背景

20 世纪 90 年代以前，人们获取信息的普遍方式主要是人与人之间的直接沟通。而进入 21 世纪，伴随计算机技术与信息技术的高速发展，互联网成为人们获取各类信息的最主要渠道。其中，借助搜索引擎进行信息搜索成为人们获取信息最直接与最高效的方式。中国互联网络信息中心（CNNIC）2019 年 8 月在北京发布的第 44 次《中国互联网络发展状况统计报告》[1]中的数据显示：截至 2019 年 6 月，我国搜索引擎用户人数高达 6.95 亿，占网民整体比例的 81.3%，使用手机进行信息检索的用户人数为 6.62 亿，相比于上年同期增长了 806 万，该数字为我国手机用户人数的 78.2%。虽然用户期望获取的网络信息资源类型是多样化的，例如文本、图片或者视频，然而这些不同类型网络资源的相关信息大多数是通过文本的方式来存储与标记的[2][3][4][5][6][7]，因此文本检索的应用范畴极为广泛。人们进行信息搜索的根本原因在于，虽然互联网为人们提供的信息资源极为丰富，但是涉及主题繁杂，用户在特定时间内的信息需求往往具有一定针对性，二者形成了一对矛盾。欲使用户通过搜索引擎高效获取信息，除了对用户进行搜索技能培训[8][9]，更需要着眼于信息检索系统涉及的信息检索技术本身。

信息检索通常是指从大规模非结构化数据背景语料中找出满足用户信息需求的资料的过程。而信息检索技术是指对信息进行预处理、存储和管理，然后找出用户所需信息的技术。信息检索技术是信息管理涉及的核心技术之一，其应用范畴极广，作用关键。信息检索技术并非仅用于用户的日常互联网搜索，其在科学文献管理、馆藏档案管理、电子政务、电子商务等领域均发挥着至关重要的作用。它不仅帮助一般用户快速准确地获取信息，同时也为医生、新闻记者、律师等特定职业在信息存取与管理的相关工作方面提供便利。

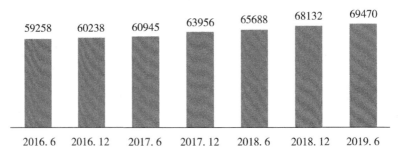

图 1.1 2016 年 6 月—2019 年 6 月综合搜索引擎用户规模与增速

资料来源：《CNNIC 中国互联网络发展状况统计调查》(2019)。

信息检索技术的应用意义在于为用户提供更加精准快捷的信息服务，而信息服务的质量不仅取决于信息服务人员的服务水准与服务态度，同时也取决于服务设施与相关技术[10]。在这些技术中，信息检索技术正是信息服务中所涉及的最关键技术之一。由于信息检索技术在日常生活与各个专业领域的管理信息系统中均发挥着极其重要的作用，因此，为高效满足用户的信息需求，为用户提供优质信息服务，检索系统查询准确率(查准率)极其重要。例如，用户进行在线商品购买时，消费者往往会有检索行为，而检索产生的结果，毫无疑问会直接影响其购买决策[11][12]。此外，查准率也很大程度影响着工业界信息管理的效率。在勘探业，其生产门户信息数据量的增加使业内从业人员对检索系统的查准率的要求越来越高，当前勘探业的信息检索系统查准率已经完全不能满足业内需求[13][14]。城市公安局警员在日常案件办理过程中，产生了大量并极其重要的数据资源，其综合信息管理系统对检索精确度有较高要求[15]。在机场的民航信息服务系统中，传统的搜索引擎会出现系统返回文档与查询的相关性不高等问题，无法满足现阶段乘客对于航班信息的查询精准度需求[16]。此外，在在线教育高度普及的今天，大型教育资源网站提供的学习材料覆盖学科较为广泛并且资源丰富，而学习者在特定时间的知识需求往往具有针对性，并且针对不同知识点需要进行多次检索，因此系统提供的搜索服务其查准率十分重要，尤其对资源提供者而言，高精准度搜索引擎对于科学管理超大规模非结构化的教育信息资源十分重要[17]。在房地产信息管理系统中，由于房产信息量庞大，而顾客在特定时间往往对房产的需求十分有限，因此对于网站搜索引擎的查准率精确性要求很高[18]。此外，科技政策的制定者与修订者往往希望精准定位与当前政策制定相关的信息，而当前在该领域中使用的搜索引擎因忽略语义信息以及用户信息导致查准率低下[19]。在知识产权与专利管理领域，从大规模专利数据中精准搜寻到需要的专利信息难度也越来越大[20]。

此外，需要特别说明的是，信息检索系统在医疗卫生服务体系中也存在着广泛应用，且作用极其关键。伴随着计算机办公在各医疗机构医务人员工作中的全面普及，医务人员在录入患者病历、开具处方、药品搜索、了解前沿理论技术以及接受继续教育等工作过程中的诸多环节均涉及搜索引擎的运用。尤其在我国，国家人口基数大，各医疗卫生服务机构门诊量巨大，医疗资源稀缺性问题极其显著。截至 2019 年 6 月底，全国医疗卫生机构仅为 100.5 万个，而 2019 年 1—6 月全国医疗卫生机构总诊疗人次达 41.7 亿人次。因此，医疗信息检索服务系统，应本着为医务人员提供更加精准高效的医疗决策服务的原则，最终为患者提供优质的临床诊断与治疗方案，特别是为医务人员所配备的信息检索系统，其查准率是急需关注的重要指标。例如，电子病历是患者在不同时期病情与诊疗方案的记录，是医生观察、分析以及动态跟踪患者病情的主要参考资料，因此具备一定的时序性，而现阶段所使用的检索系统在很多情况下无法满足医务人员对精确度的要求[21][22]，同时医学病历中存在的同义词与多义词也影响了医学检索中的查准率[23][24]。

因此，搜索引擎在当代人们工作生活中均扮演着重要角色。而检索系统的查准率是各行各业从业人员在进行信息搜索时所关注的最核心指标之一。一个查准率高的信息检索系统可使使用者工作效率大幅提高。

1.1.2 研究意义

信息检索系统不仅涉及人们生活的方方面面，在各个领域中的重要作用也日益凸显，检索系统用户对于查准率提出了越来越高的要求。因此，作为检索系统核心支撑的信息检索模型的设计极其关键。

近几十年来，学术界研究以及工业界使用的信息检索模型仍是三种主流模型，即向量空间模型、概率模型以及统计语言模型。绝大多数信息检索领域学者与工程技术人员往往是基于这些模型进行实现或一定程度优化，而其模型查准率提高幅度有限。因此，进行新种类检索模型与模型构架的探究变得尤为必要。新种类检索模型与构架的产生，会使信息检索领域产生新的发展契机，并可以与传统模型之间实现相互借鉴与融合，促进信息检索领域的进一步发展，各行各业的信息管理与检索系统也会因此获得更高的查准率，更好地满足用户信息需求。

本书将数字信号处理领域中的理论与概念借鉴至信息检索领域，提出了基于数字信号处理理论(Digital-Signal-Processing-Based, DSP-Based)的信息检索模型与构架。本书所提出的新模型同当前主流检索模型一样，是具备广泛适用性的信息检索模型，可投入任何涉及文本检索的实际检索应用之中，得到普遍较高的查准率。此外，我们所提出的模型构架，提供了一种基于数字信号处理理论的检索模型构建一般方法，可以结合当前信息检索领域中的任何一种词项权重计算方法，并由此产生新的高查准率的信息检索模型。

本书所提出的检索模型与构架，在进行非结构化文本数据检索时表现出良好的检索效果。其可以应用于涉及非结构化文本数据搜索的各个领域。例如，它可以应用于科学文献管理、档案管理、电子商务、电子政务、知识产权与专利管理，同时也可以应用于医疗信息检索系统、民航信息服务系统、房地产信息管理系统、公安综合信息管理系统等诸多行业的信息检索系统中。

1.2 国内外研究现状述评

信息检索模型(Information Retrieval Models, IR Models)的研究最早可追溯至20世纪50年代[25]。在最近的几十年中，向量空间模型(Vector Space Models, VSM)、概率模型(Probabilistic Models, PM)、统计语言模型(Statistical Language Models, LM)等主要模型的快速发展使检索系统查准率明显提高[26]。然而，现阶段的主流 IR 模型在发展中出现瓶颈，因此，信息检索领域内对新类型检索模型或构架的需求非常迫切[27][28][29]。信息检索模型往往被认为应归属于计算机应用技术范畴，但事实上，信息检索模型与构架的相关思想往往来自于其他领域。该结论可从现今学术界与工业界研究和使用最为普遍的三大主流 IR 模型中得到体现。例如，向量空间模型的构建思想来源于代数论，概率模型与统计语言模型的构建提出则来自于概率论。此外近些年最新提出的非经典检索模型，其建模思想同样来源于其他领域。在本小节中，将对各个类型的模型进行分别谈论。

1.2.1 信息检索模型

（1）布尔模型。

布尔模型（BIR）是近代计算机应用技术史上第一个被提出并广泛使用的信息检索模型。在 20 世纪 90 年代之前，许多国际大型商业信息提供商在之前的 30 年间普遍采用布尔模型检索系统。布尔模型是一种基于布尔逻辑与集合论的检索模型，它将文档与查询均视为一系列词项的集合，其中查询被视为由一系列逻辑操作符（例如 AND、OR、NOT）所连接的词项集合，文档是否被返回依赖于文档中所包含的查询词项的情况[30]。在传统布尔模型被提出后，Van Rijsbergen 提出了非传统布尔模型[31]。Fox 和 Salton 提出了扩展布尔模型（P-norm 模型），该模型对传统布尔模型进行了启发式改进，进而进行文档排序，它实际上可被视为一种相似度模型的特例[32][33]。然而该类模型被指出仍然存在一些缺陷，比如模型必须依赖关于查询布尔结构的假设，以及在参数调节时文档评分不能单调变化，从而影响模型效果[34]。

（2）空间向量模型。

正如前文中所提到，空间向量模型的提出来源于代数论。实际上，空间向量模型（Vector Space Model，VSM）的建立不仅借鉴了代数论思想，模型的各个概念也同样被映射至该领域中的各个概念。向量空间模型将查询与文档表示为 N 维空间中的向量[35][36][37]。通过该种概念转化，该类模型判断文档与查询之间的相关性主要是通过计算查询向量与文档向量之间的相似度，并以此为依据对文档进行评分并排序。在向量空间模型诞生后，其迅速成为信息检索领域研究热点，随后一系列重要向量空间模型被提出[38][39][40]。首个向量空间模型由 Salton 等于 1975 年提出，模型首次提出采用文档内所包含的各个查询词项的词项频率（term frequency，TF）与它们的逆文档词项频率（Inversed Document Frequency，IDF）的乘积之和作为一篇文档的得分，并以此为依据对文档进行排序[38]。其中，IDF 的计算方式由 Sparck Jones 提出[41]。

　　由此看来，向量空间模型其实提出了一种现阶段信息检索模型普遍适用的文档评分构架，即当给定一个查询表示，一篇文档的评分决定于其所包含的查询词项的多少（TF）以及所包含的查询词项在整个数据集中的稀缺性与重要性（IDF），该种以 TF 与 IDF 乘积作为文档中查询词项的最终权重的方式至今仍被认为是最有效的词项权重计算方式之一[42]。在模型实现阶段，向量空间模型如后文所提到的其他类型模型一样，分为两个阶段：为所有背景语料中的文档建立索引（indexing）以及执行搜索（search），向量空间模型可以与若干索引模型结合，例如结合 2-Poisson 概率索引模型来重新选择索引词项或赋予每个词项新的权重[43][44][45]；向量空间模型可以引入潜在语义索引方式以及基于概率的潜在语义索引方式来捕获查询与文档中词项之间的关系，从而使用更为合理的方式去表示文档与查询[46][47]；此外向量空间模型还可以引入一些现阶段统计语言模型（LM）中经常用到的假设，例如假设文档中的词项符合多项式分布，并基于此假设进行模型构建[48]。

　　其中最具代表性的是一类向量空间模型，它是引入了回转长度归一化的一类模型，首个此类模型由 Singhal 于 1996 年提出，被命名为 PIV。该模型采用了一种与查询频率及文档频率都无关的文档长度归一化方法对上述现象进行修正，即通过背景语料中所有文档的平均长度对文档的长度进行标准化，以更为精确地捕获文档与查询词的相关性信息[49][50]。Fang 基于 Singhal 提出的 PIV 模型，提出了两种同类型模型，命名为 F1EXP 和 F1LOG。这两个模型改进了 PIV 模型中提出的回转长度归一化方法[51]。在向量空间模型中，有一种特别需要提到的模型是由 Paik 于 2013 年提出的 MATF，该模型通过两种不同的标准化方法分别对文档词项频率进行标准化。模型被表示为两个分量的线性组合，第一分量通过引入文档内所有词项的平均词项频率对某查询词项在文档内的出现频率进行标准化，在查询长度较长的时候，模型为该分量赋予较大权重；第二分量通过引入背景语料内平均文档长度对某查询词项在文档内出现频率进行标准化，在查询长度较短的时候，模型为该分量赋予较大权重。因此该类模型可以在不进行任何人为参数调节的情况下，自动根据查询长度调节两分量之间的比例，以保证在大多数情形下模型可以保持较高查准率[52]。根据我们所检索到的文献，MATF 模型的该种优势目前绝大多数概率模型、语言模型、向量空间模型与自由散度模型[53][54][55]均不具备。

（3）概率模型。

前文提到，概率模型的思想来源于概率论。除了借鉴该领域的理论思想，概率模型将模型内的概念映射至概率论领域内的相关概念。该类模型将查询与文档之间的相关性视为随机事件，根据该随机事件发生概率的大小推断文档与查询之间相关性的大小。

1976 年，Robertson 等首次将概率论中的思想与概念借鉴至概率论模型并提出了 RSJ 构架，为二元独立模型（BIM）的产生奠定了理论基础[56]。1994 年，Roberston 等在二元独立模型的基础上提出了信息检索领域近几十年最具代表性的概率模型与最著名的检索模型之一——BM25，在此后的几十年中，该模型在学术界引起广泛注意，产生了众多衍生模型，并在工业界广泛使用[57][58]。2005 年，Fang 等基于 Robertson 等学者提出的 BM25 模型进行了改进，提出了 F2EXP 与 F2LOG，这两个模型通过对 BM25 中的 TF 部分（即词项在文档内部的权重）以及 IDF 部分（即词项在整个背景语料中的权重）进行了另一种方式的标准化[59]。2013 年，He 等提出了另一种基于 BM25 的模型 BM3。该模型在对每个文档中出现的查询词项进行权重评估时，同时考虑了三部分信息，即 TF 部分、IDF 部分以及 QTF 部分（某查询词项在查询中的权重）。该模型遵循了 BM25 模型构建思想，但不再采用 BM25 中的文档内词项频率标准化方式，而是采用了统计语言模型中经常采用的迪利克雷（Dirichlet）先验标准化方式对文档内词项频率进行标准化[60]。Lv 等发现 BM25 中的 TF 部分存在缺陷，即 BM25 在对文档内词项频率进行标准化时未能很好设置标准化后取值的边界条件。基于此发现，Lv 等提出了模型 BM25+。模型对 BM25 的 TF 部分设置了最低边界，从而使模型得以优化[53]。Liu 等指出，BM25 中的词袋模型假设存在瑕疵，并且查询词项在文档中出现的先后顺序，位置信息与近邻性信息全部被忽略，这种假设与现实不相符，从而在一定程度上影响到模型检索的准确性。基于此发现，Liu 等通过引入 7 种核函数（Gaussian, Triangle, Cosine, Circle, Quartic, Epanechnikov, Triweight）分别对查询词项在文本句子中出现的位置信息进行捕获，从而提高模型效果。该模型的评分模型是两个部分的线性组合，第一部分为 BM25 模型，第二部分是 BM25 的改进模型，即引入词项在句中位置信息的模型。模型通过一个调节参数对两部分的比例进行调节，最终获取了良好的模型效果[61]。Zhao 等同样发现 BM25 的词袋模型假设存在一定程度的缺陷，由此提出了 CROSS TERM 概念，并基于该概念提出了模型 CRTER。与 Liu 的研究类似，模型采用 Gaussian、Triangle、Cosine、Circle、Quartic、Epanechnikov 以及 Triweight 核函数对词项的近邻性信息进行捕获。模型依然是两部分的线性组合，第一部分是 BM25，第二部分则是基于 BM25 模型构架，引入查询词项的近邻性信息后产生的新模型，并且第二部分不再采用 BM25 中对于查询词项进行统计的方法，而是对 CROSS TERM 进行统计。模型的最终评分是通过对两部分进行加权计算而获得[62]。此外，Fuhr 提出了一种基于逻辑回归（logistic regression）的概率检索模型，该模型在大多数情况下都比采用传统 TF-IDF 或者余弦相似度计算的空间向量模型效果更优[63]。除此以外，还有许多其他经典的概率模型的研究，对于概率模型的发展产生重要影响[64][65][66][67][68]。

（4）统计语言模型。

统计语言模型的建模思想同样来源于概率论，因此它仍属于概率模型，但是其与传统概率模型有着较大区别。该类模型通过推断文档生成给定查询的概率，并依据生成概率的大小来对文档进行排序。

Zhai 等于 2004 年提出了近期最著名与最有效的统计语言模型之一——迪利克雷统计语言模型（DIR）。该模型通过引入迪利克雷平滑方法（Dirichlet prior method）估计文档与查询之间的相关性[69]。DIR 模型诞生以后，有大量语言模型基于该模型被提出。基于 DIR，Zhai 等提出了另一个统计语言模型：双阶段语言模型 TSL。该模型在最佳参数设置条件下，分别从文档角度与整个背景语料角度获取一个查询词项在文档中的评分。模型被表示为一个线性方程，通过一个调节参数对两部分进行权重分配，以获得较优的模型效果[70]。同样基于 DIR，Metzler 则提出与传统统计语言模型完全不同的模型理论假设，并基于此提出模型 BLM。传统的统计语言模型认为文档内的词项服从多项式分布，而 BLM 模型则认为文档内的词项服从多项伯努利（Multiple-Bernoulli）分布。但该模型同样采用了迪利克雷语言模型对于文档权重的计算方法，从查询词项在文档内部的权重与在背景语料中的权重两个角度对文档进行评分[71]。Fang 等提出了两个统计语言模型：F3EXP 与 F3LOG，两模型均未采用统计语言模型的建模构架，而是采用了与向量空间模型与概率模型相似的 TF-IDF 模式权重计算方式，即将查询在文档中的权重与查询在背景语料中的权重分别在两项内计算[59]。Lv 等研究发现，DIR 模型对词项权重计算中的边界问题没有进行讨论与设置，并提出了模型 DIR+。DIR+对 DIR 模型中的词项权重设置了最低边界，从而使模型得以优化[53]。除此以外，还有一些经典的统计语言模型对该类模型的发展起到了重要推动作用[72][73][74]。

(5)非经典检索模型。

绝大多数信息检索领域的学者都是针对三类主要检索模型，即向量空间模型、概率模型与统计语言模型进行研究。但是信息检索领域依然产生了一些新类型检索模型。如前文所提到，三类主要检索模型的建模思想均不是来自于计算机应用技术领域，而是其他领域，例如概率论与代数论。同样，这些新模型的建模思想以及相关概念均来自于其他领域。它们中的一些模型具备自己独立的模型构架与词项权重计算方法；而另一些则仅具备自己的模型构架，而需要引入相应的词项权重计算方法。本小节则主要介绍近年来最具代表性的非经典检索模型。

Shi 等提出了一种基于万有引力理论(gravitation-based)的信息检索模型 GBM。该模型的构建思想从物理学领域的万有引力理论借鉴而来，将检索模型中例如查询与文档等概念映射至物理学领域中的质量、距离、半径以及引力等概念。模型最终依赖万有引力理论计算式对词项权重进行计算，并最终对文档进行排序[75]。Rijsbergen 等则是通过引入在量子力学领域经常使用的希尔伯特空间数学运算(Hilbert space mathematics)构建信息检索模型与模型构架。该构架将各个文档视为希尔伯特空间的向量，而将文档与查询之间的相关性视为厄米算符(Hermitian operator)[76]。Melucci 等则是对基于量子力学理论的信息检索模型进行了综述[77]。Park 等则提出了一个基于小波变换的信息检索模型构架，该模型不仅考虑了查询词在文中的位置信息，而且也引入了词项在文中的出现模式等信息[78]。

(6)基于数字信号处理的检索模型。

在非经典信息检索模型中，基于数字信号处理的模型具备较大的发展潜力。

该类模型引入数字信号处理领域的理论与概念以构建信息检索模型与构架。

根据已检索到的文献，现阶段仅有两篇研究与本研究直接相关。Costa 等通过引入数字信号处理领域理论，提出了第一个基于滤波理论的信息检索模型构架 LSPR，并基于该构架引入了向量空间模型词项权重计算方法，提出了模型 LSPR-VSM，也是数字信号处理模型构架与空间向量模型的首次结合。LSPR 模型构架将查询中的每个词项视为一个采用时域表示中的离散正弦信号，将每个文档中的查询词视为一个采用频域表示的三角形带阻滤波器。当查询词项在文档中出现，滤波器随之产生。因此，查询被表示为由不同频率离散正弦信号组成的一组信号，文档则被表示为一组三角带阻滤波器，而整个查询过程被视为滤波过程。由于信号采用时域表示形式，而滤波器采用频域表示形式，最终模型中的滤波计算需要信号与滤波器均采用频域表示形式，因此每个查询词项必须通过傅里叶变换转化至频域。而由于正弦信号的特殊属性，其经由傅里叶变换后形成一条能量高度集中的谱线，而信息检索模型的目的是为了对文档进行评分并排序，而谱线过于狭窄，在被过滤时无法体现出不同信号之间的差异性，因此不同的查询词项也无法表现出差异，因而需对正弦信号进行特别处理，以保证傅里叶变换后频谱泄露的产生，使能量被分散至核心谱线附近，从而各个信号的频谱表现出差异，最终滤波有效进行。而滤波结束后，模型则依据不同滤波器组对于查询信号的过滤能力来对文档进行排序。对信号过滤能力强的滤波器组，即与查询更有可能相关的文档。LSPR-VSM 将向量空间模型的词项权重计算方法引入，作为查询词所对应信号的强度，同样作为文档滤波器宽度的决定因素[79]。基于 LSPR 模型构架，Costa 等将该构架与概率模型结合，提出模型 LSPR-BM25。与 LSPR-VSM 不同的是，LSPR-BM25 引入了 BM25 的词项权重计算方法，其模型效果表现更佳[80]。

1.2.2　检索模型与管理信息系统

管理信息系统（MIS）是由人、计算机等组成的能进行信息收集、传递、储存、加工、维护和使用的系统。其大量涉及计算机、网络通信与数据库等相关技术。如何高效获取数据是 MIS 所关注的核心问题之一。在各个行业的管理信息系统中，检索模块的查准率都是被关注的核心指标之一。在医疗卫生服务行业中，最常见的是供医务人员使用的电子病历检索系统。医务人员在搜索引擎上键入查询表示，系统通过推断查询表示与电子病历之间的语义相关度，将电子病历排序并返回[21]。然而，查询表示长度很短且电子病历中经常存在多词同义和一词多义的情况。因此，Zhu 和 Leveling 分别提出了用于电子病历检索的基于查询扩展的伪相关反馈信息检索模型[81][82]。医务人员在搜索引擎中输入关键字进行搜索，检索系统从由大量电子病历所构成的背景语料中对每份电子病历进行评分，并以评分高低为依据将相关度最高的一组病历进行返回。通过设置合理的假设，从返回文档中推断出与查询词相关度最高的词项作为扩展词，连同原始查询词项一起形成新的查询表示，并进行二次搜索，随后反复执行多轮相同的查询扩展操作，返回更多相关病历。此外，对于电子病历检索而言，查询扩展的完成也可基于除现有背景语料以外的其他数据源。例如，Oh 等通过对外部文档进行聚类的方式进行查询扩展词的选取，即查询扩展词将不再仅从本系统所包含的电子病历集合中挑选，而是将外部文档即包含查询词项的医学文献或维基百科等作为查询扩展词选择的数据源，从这些数据源中，将与查询词共同出现频率最高的一组词项作为查询扩展词，并进行多轮反馈，最终得到较好的检索效果[83][84][85]。此外，也有部分学者提出了从外部语料资源中，挑选与查询表示中的词项共现频率最高的词项作为查询扩展词项，并由此提高本系统内电子病历的查准率[86][87][88]。李纲等利用医学数据库中的主题词来获取医学文本中的概念信息，并基于此提出了针对医学数据库的查询相关模型，该模型具备较为理想的查询精准度[89]。

除医学领域外，信息检索模型同样也是其他领域研究人员关注的对象。例如，陈肖嵋针对教育资源管理信息系统中的信息检索模型进行了优化。其主要是通过 LDA 主题层次聚类以及主题建模，结合教育资源的特定语料背景，对用户提交的查询表示进行语义分析，最终提高搜索引擎的查准率[17]。何振环在考察航空科技信息服务平台提供的搜索引擎时，发现其查准率较低，并根据系统的浏览点击情况提出了协同过滤推荐算法，设计出了新的航空科技信息服务平台[14]。王倩倩研究发现科技政策文件检索中存在着查准率低下的情况，主要原因在于系统在对文档进行排序的过程中，忽略了语义信息与用户信息。基于此，研究者提出了专门针对科技政策领域的查询扩展方法，同时也引入了用户兴趣信息，以提高系统查准率[19]。蔡飞为提高军事信息服务系统的检索查准率，提出了基于逻辑回归的信息检索模型，并通过主成分分析对文档特征进行提取[90]。许侃对知识产权与专利检索系统进行了改进，其根据专利文本的特别属性，构造了专门针对知识产权与专利检索的查询扩展方法，且其扩展词项的选取不再单单依赖于系统内部文档，而是借助其他网络资源进行[20]。胡欣针对当前勘探生产部门的管理信息系统的搜索引擎查准率不高的现象进行研究，发现关键字匹配的方法在进行实际检索时已经不能满足用户的查准率需求，因此在系统现有检索模型中引入了语义信息，随之提出了针对该领域的语义检索系统[13]。耿爽等提出了基于企业知识类别以及语义相似度的查询扩展方法，有效提高了企业内信息检索系统的查准率[91]。

1.2.3　存在的主要问题

通过研究述评我们发现，不同行业内的信息检索系统普遍存在着查准率不够理想的情况。而究其原因，很大程度上缘于现阶段信息检索模型查询精准度不理想。要从根本上提高各个行业信息检索系统查准率，为用户提供更为精准高效的信息服务，必须对信息检索模型本身进行改进。现阶段信息检索领域所研究的主要对象仍为三大主流模型，即向量空间模型、概率模型以及统计语言模型，新的研究往往是针对上述三种模型进行有限的改进与结合，查准率的提升幅度有限，模型的发展陷入瓶颈。因此，在该领域内进行新类型模型的探究变得十分迫切。近年来，基于数字信号处理(DSP)理论的信息检索模型的产生，为信息检索模型的研究提供了新的发展契机。从现阶段研究对于该类模型精准度的测试来看，该模型效果优良，但仍然存在很大的改进空间。现阶段的基于 DSP 理论的信息检索模型存在着如下问题：

(1)查询词项的表示方式不理想，导致模型实现过程复杂，参数可操控性差，模型效果不佳。具体而言，由于现有的基于 DSP 理论的检索模型将查询词项视为时域信号，而过滤计算过程要求信号与滤波器均采用频域表示。因此，查询信号需要通过傅里叶变换进行转化，该过程的实现较为烦琐。更重要的是，其对于信号的参数设置是在时域中完成的，并且没有设置可供人工调节的超参数，因此在经过傅里叶变换后，信号的属性(例如信号带宽)难以保证，导致模型效果不佳且不稳定。

(2)查询词项的表示过于单一。在现有的基于 DSP 理论的检索模型中，查询词均被表示为时域中的离散正弦信号，该信号由于自身的特殊属性，在经由傅里叶变换后变为一条能量高度集中的谱线，其带宽过于狭窄，在滤波过程中无法体现出查询词项权重的差异。因此为使滤波有效进行，在对信号进行傅里叶变换前，必须对其做相应处理，以保证在傅里叶变换后产生信号的频谱泄露现象，使信号带宽增加，进而保证滤波的有效进行。该过程增加了实现与实际应用的难度。同时，频谱泄露所产生的效果很难被保证，影响模型效果。

(3)现阶段的模型仅仅引入了 BM25 以及普通向量空间模型的权重计算方法，应有更为有效的权重计算方法可以被尝试引入该构架，以获得查准率更高的信息检索模型。

本研究将基于以上几点，提出新的基于 DSP 理论的信息检索模型构架，并提出相应的模型。

1.3　研究内容与研究构架

1.3.1　主要研究内容

本研究主要是将 DSP 领域的相关理论与概念引入传统信息检索领域，提出基于 DSP 理论的信息检索模型与相应的模型构建方式，并基于此初步实现一个检索系统。主要研究内容如下：

(1)基于 DSP 理论的检索模型构建方式。由于该类模型是新类型检索模型，有关该类型的模型相关研究仍处于初级阶段，模型的构建思路尚未成熟。而作为一种新类型检索模型，其检索效果很大程度上依赖于其模型构架。因此给出该类模型的一般构建思路十分必要。如前文所述，现阶段的基于 DSP 理论的模型存在着模型构架的缺陷。因此，本研究同样使用信号表示查询词项，并使用滤波器组表示文档，但尝试将二者表示形式进行统一(对信号与滤波器均采用频域表示)，并尝试将查询词项表示为更多类型的信号(信号的频域表示即为频谱)，例如以 Gaussian、Triangle、Cosine、Circle、Quartic、Epanechnikov 以及 Triweight 核函数图形为包络的频谱，即寻得查询词项更佳的表示方式，以进一步促进模型查准率的提高。

（2）基于 DSP 理论的信息检索模型。目前信息检索领域对于该类模型的研究尚处于起始阶段，仅有个别基于数字信号处理理论的信息检索模型被提出。然而，基于我们对于该类模型构建方法的探究，发现将任何传统模型中的词项权重计算方法引入该模型构建模式下时，均可形成相应的基于数字信号处理的检索模型，但引入方式存在着差异。现有的相关研究中，仅考虑过将传统向量空间模型以及 BM25 的词项权重计算方式引入该模式下进行模型构建，而仍有大量经典模型的词项权重计算方式可以被尝试引入，以构建更多效果更佳的基于数字信号处理理论的信息检索模型。

（3）基于 DSP 理论的信息检索模型在管理信息系统中的应用。我们尝试基于所提出的基于 DSP 理论的信息检索模型，初步实现相应的信息检索系统。在本书中，我们立足于为医疗卫生机构的医务人员提供更优质的信息服务，将模型应用于医学文献检索系统，以便医务人员可以根据需求精准获取有关诊断、治疗与护理方面的相关资料。

1.3.2　本书的组织结构

本书的组织结构如图 1.2 所示。

如图 1.2 所示，本书由 8 章组成。在第 1 章绪论中，阐释了本研究的相关背景，明确了研究意义，提出了研究问题，指明了本研究的研究内容。第 2 章则介绍了与本研究相关的信息检索模型以及研究构架。基于前两章阐述的内容，第 3 章提出了基于 DSP 理论的信息检索模型的模型构架 DSPF（Digital-Signal-Processing based Framework），它阐明了该类模型构建的一般方法，即阐释如何将传统检索模型的词项权重计算方法引入该模型构架内以构建新的检索模型。第 4、5、6 章则分别基于第 3 章提出的模型构架，引入经典的概率模型、统计语言模型、向量空间模型的权重计算方式，提出了三种基于数字信号处理的信息检索模型 DSPF-BM25、DSPF-DLM 以及 DSPF-MATF，并以多个查准率指标为依据，在多个数据集上对模型效果进行测试。在第 7 章，我们尝试将提出的 DSPF 构架下的检索模型应用于实际的检索场景中，初步实现了专门应用于医疗卫生机构的信息检索系统。该系统专门用于医学文献的检索，可为医务人员提供诊断、治疗以及护理方面的重要辅助。第 8 章对本研究进行总结，并基于此，简要介绍了未来的研究工作。

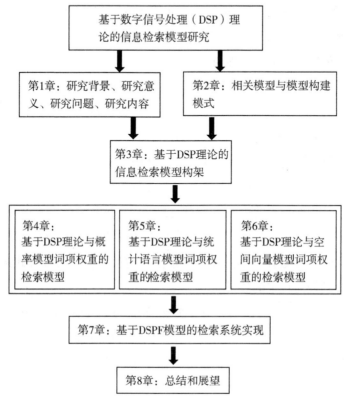

图 1.2　本书的组织结构

1.4　本书主要创新点

　　本研究主要提出了一个基于数字信号处理(DSP)理论的信息检索模型构架，并基于该构架，提出了三个基于 DSP 理论的信息检索模型，初步实现了基于该类模型的医学文献检索系统。其主要的创新点如下：

　　(1)本书提出了一种基于 DSP 理论的信息检索模型构架 DSPF。该构架给出了构建该类模型的一般方法。DSPF 构架将查询词项表示为频谱，将文档表示为滤波器组，对信号与滤波器均采用频域表示形式，实现了表示形式的统一，省去了当前同类模型构架中必须进行的时域频域转换过程，更为直接地对信号的参数进行调节，以获取更好的检索效果。此外，我们采用多种频谱形式表示查询词项，即分别采用 Gaussian、Triangle、Cosine、Circle、Quartic、Epanechnikov 以及 Triweight 核函数图形为包络的频谱表示查询词项，寻求查询词项更佳的表示方式，进一步促进模型查准率的提高。

（2）基于我们提出的模型构架 DSPF，分别对概率模型、统计语言模型以及向量空间模型的词项权重计算方式进行改进，引入该构架并提出相应的模型：DSPF-BM25、DSPF-DLM 以及 DSPF-MATF。此外，我们尝试将模型与七种不同的核函数分别进行结合，以探究在 DSPF 模型构架下，不同类型的词项权重计算方式与何种核函数结合时可以获得查准率最大程度的提高。此外，我们采用了多个查准率指标，将所提出的模型在不同的数据集上进行测试。测试结果显示，基于 DSPF 构架的检索模型在本研究所选用的数据集上查准率较高。其中 Gaussian 核函数与 Cosine 核函数在与不同种类检索模型的词项权重计算方式进行结合时，均表现出较好且较为稳定的效果。

（3）我们根据所提出的模型，初步实现了可应用于医疗卫生服务机构的医学文献检索系统。它可以根据医务人员在系统内提交的查询表示，较为精确地返回相关文献，为医务人员的诊断、治疗方案制定等医疗环节提供重要辅助。

第 2 章　相关模型与模型构架

本研究主要提出了一种基于数字信号处理(DSP)理论的信息检索模型构架以及三种相应的信息检索模型,因此,我们将在本章对相关的模型与模型构架进行介绍。首先,我们将介绍当前基于 DSP 理论的检索模型构架 LSPR,因为我们所提出的模型构架借鉴了 LSPR 的构架思想。此外,我们所提出的新模型分别引入了一些经典信息检索模型(BM25、DLM 以及 MATF)中的词项权重计算方法。因此,我们将逐一对这些模型进行介绍。同时,我们也会介绍当前基于 DSP 理论的检索模型 LSPR-VSM 以及 LSPR-BM25,因为它们是与我们所提出的模型最相关的检索模型。

2.1　相关模型构架

现有的基于 DSP 理论的信息检索模型构架 LSPR (Least Spectral Power Ranking)由 Costa 等于 2010 年提出[79]。在该研究中,Costa 首次将向量空间模型的词项权重计算方法引入该构架中,并在 2015 年将 BM25 的词项权重计算方法引入该构架[80]。如前文所述,信息检索模型的思想与相关概念往往来源于不同领域中的理论与概念。LSPR 构架将查询词项、文本等信息检索领域的概念映射为数字信号处理领域的概念,同时将检索模型对于查询与文本之间的相关性推断过程表示为数字信号处理领域的滤波过程。由于本书所提出的 DSPF 构架是基于 LSPR 构架而进行的改进与创新,因此在本节中我们将对 LSPR 构架的思想做简要阐述。

2.1.1　查询词的表示

LSPR 将查询中的词项表示为采用时域表示形式的离散正弦信号。该信号是对连续正弦信号进行采样得到的，每个查询词最初被表示为连续正弦信号：

$$x[t] = \sin(2\pi f_i t) \qquad (2.1)$$

其中，i 表示查询词的序号，f_i 是对每个查询词所赋予的频率(注意该频率不是词项在文档中出现的频率，而是正弦信号的频率)。由于现代计算机仍无法处理连续函数，因此需要对该信号进行抽样，使之转化为离散正弦信号，才可经由计算机进行处理。在该过程中，对该连续信号的抽样需要遵循一定的规则，为理解该规则，需要先对数字信号处理的基本过程进行介绍。

数字信号处理的过程可用图 2.1 描述，该图表示：模拟信号(连续信号)$x[t]$ 经过 A/D 模数转换器(模拟与数字信号转换器)即某一周期为 T 的抽样函数进行抽样并处理，成为数字信号 $x[n]$，数字信号 $x[n]$ 经过系统 H 处理，变为信号数字信号 $y[n]$，随后，经过 D/A 数模转换器将数字信号还原为模拟信号(连续信号)$y(t)$。因此，为保证抽样后的离散信号可以无失真还原为原连续信号，必须在抽样时满足抽样定理：对连续周期信号进行抽样时，只有抽样频率达到信号频率的两倍或者两倍以上时，才可无失真地由离散信号还原回连续信号。

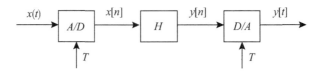

图 2.1　连续(模拟)信号的模/数转换与数/模转换过程

在数据信号处理领域，信号有两种表示形式，即时域表示或频域表示。在构架 LSPR 中，由于该信号被采用时域表示形式，而滤波器采用频域表示形式，为了进行滤波计算，必须将表示形式进行统一，因此信号需要经由傅里叶变换进行转化，使信号转为频域表示，即用频谱来对信号进行表示。而信号的频谱是有宽度的，因此为了使每个信号在变换后的频谱不发生混叠，必须使每个时域信号的频率有所不同，且信号与信号之间的频率差值要保证足够大。因此，每个查询可以表示为：

$$x[n] = \sum_{i=1}^{|Q|} A_i \sin(2\pi f_i nT) = \sum_{i=1}^{|Q|} A_i \sin\frac{\pi f_i n}{N},\ n \in \{1,\ \cdots,\ N\} \qquad (2.2)$$

其中 $x[n]$ 表示查询，$|Q|$ 表示为查询中词项数量，i 为查询词的序号。$A_i \sin(2\pi f_i nT)$ 是一个加权的正弦信号，它代表每个查询词项。A_i 表示查询词在整个背景语料中的权重，它衡量一个查询词在整个背景语料中的稀缺性。f_i 为每个查询词对应的正弦信号的频率(注意不是词项出现的频率，而是正弦信号的频率)，该频率被设置为 $[(300(i-1)+200)F+1]$Hz，其中 i 为查询词在查询中的序号。为满足抽样定理，式中 $F = 2$Hz，代表着在每个正弦函数周期中系统对该信号进行了两次抽样，使信号具备由抽样得出的离散信号无失真还原成原连续信号的能力。然而，由每个信号的频率表达式 $[(300(i-1)+200)F+1]$Hz 可知，第一个查询词对应的离散信号在经由傅里叶变换后，其频谱的中心频率是 401Hz，第二个查询词对应频谱的中心频率为 1001Hz。而在该表达式中，每个信号频率计算式中所加的常数 1 是为了通过制造频谱泄露现象以保证滤波过程有效进行(见图 2.2)。由于查询词项被表示为采用时域表示的离散正弦信号，而正弦信号具备自身的特殊属性，即其在经由傅里叶变换后会变为一条能量高度集中的单一谱线。该谱线因过于狭窄，在被过滤时无法体现出信号与信号之间的差别，即无法体现查询词之间的权重差别。在经过加常数 1 的处理后，频谱泄露现象产生，原先能量高度集中的谱线会将其能量向其周围频率点处进行分散，即在维持其总能量不变的情况下，以原谱线为中心，在两侧产生幅值逐渐递减的若干谱线，使频带宽度增加，最终使滤波有效进行。由此，查询(包含若干查询词)所对应的一组信号在经过傅里叶变换产生后，产生的效果如图 2.3 所示。

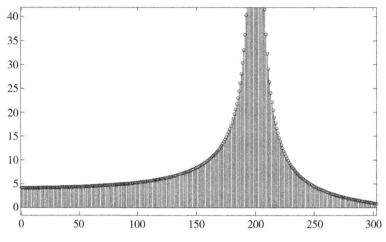

图 2.2　单一正弦信号经由傅里叶变换后的频谱(局部)

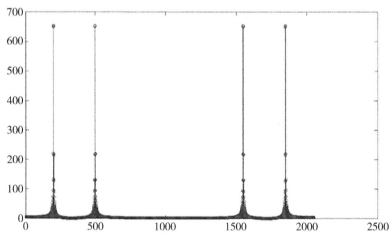

图 2.3　一组正弦信号经由傅里叶变换后的频谱

2.1.2　文本的表示

LSPR 模型构架将文本表示为一个滤波器组。当一个查询词在文档内出现,则产生一个三角形带阻滤波器,如图 2.4 所示。

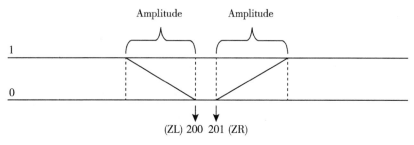

图 2.4　文档中的查询词对应的滤波器

由图 2.4 可知，文档内的每个查询词被表示为一个用频域表示的三角形带阻滤波器，其中心位置与查询中查询词对应频谱的中心位置完全吻合，以实现过滤。该滤波器图形为轴对称图形，而它的每侧翼的宽度被称为它的幅度（amplitude），该幅度的值被设置为：

$$\text{amplitude} = s \cdot \text{TF}_i \cdot \text{IDF}_i \tag{2.3}$$

其中 $\text{TF}_i \cdot \text{IDF}_i$ 部分同时衡量了词项在文档中的权重与在数据集中的权重（当然在引入某些模型的词项权重计算方式时，不一定完全遵循二者乘积的形式，例如统计语言模型。但该部分计算中必须包含两种权重信息）。s 为一个超参数，在实验中被进行人工调节以获取较好的模型效果。

2.1.3　检索过程的表示

在给定查询，而其所包含的查询词在文档中出现的情况下，就会产生一个滤波器，该滤波器(代表文档中的查询词项)的中心位置与频谱(代表查询中的词项)的中心位置完全吻合，以实现过滤，如图 2.5 所示。

随后，滤波器对频谱进行过滤。该过滤过程在时域内为卷积，而在频域内为各个频率点上频谱谱线高度与滤波器在该点上纵坐标值的乘积，其过滤结果如图 2.6 所示。

由图 2.6 可以看出，由于采用的滤波器为三角形带阻滤波器，因此原始频谱的中心位置被最大程度地过滤，过滤程度由中心位置向两侧逐渐减弱，最终形成图中所描绘的结果。

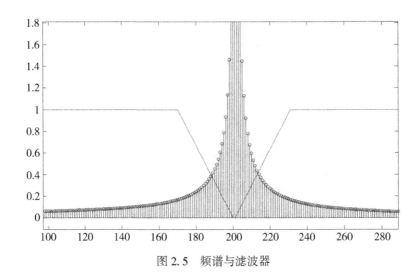

图 2.5 频谱与滤波器

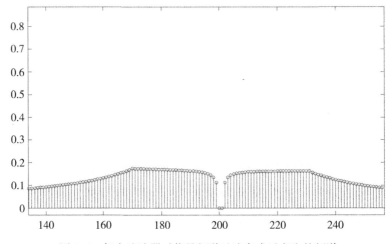

图 2.6 每个滤波器对信号频谱过滤完成后产生的频谱

随后，在所有查询词所对应的频谱被遍历且所有数据集中的文档被遍历后，文档被按照其对于信号的过滤多少进行排序。剩余的频谱总能量越少，则文档排名越靠前，反之则靠后，因为该文档对应的滤波器组具备对信号组更强的过滤能力，即反映出文档与给定查询之间更可能存在相关性。

2.2　相关模型介绍

2.2.1　BM25

BM25 提出于 1995 年[78]，是当前信息检索领域概率模型中最具代表性的模型之一。BM25 对于文档内查询词项的权重计算需从三个角度进行考虑，即从整个查询表示、文档、背景语料三个层面综合评价一篇文档内查询词项的权重。每个在文档内出现的查询词项最终的权重计算方法如下：

$$w'(q_i, d) = \frac{(k_1 + 1) \cdot \mathrm{tf}(q_i, d)}{K + \mathrm{tf}(q_i, d)} \cdot \frac{(k_3 + 1) \cdot \mathrm{qtf}(q_i)}{k_3 + \mathrm{qtf}(q_i)} \cdot \log \frac{N - n(q_i) + 0.5}{n(q_i) + 0.5}$$

$$(2.4)$$

(2.4)式中，$w'(q_i, d)$ 中的 i 表示查询词项在查询中的序号，q_i 表示查询中第 i 个查询词项，d 表示某文档 d，$w'(q_i, d)$ 表示查询词项 q_i 在文档 d 中的权重。本计算式包含三部分：从左至右第一部分为单从文本角度而言，某查询词项在文档中的权重，第二部分为查询词在查询中的权重，第三部分为查询词在整个数据集中的权重。式中的所有变量可以被分为两个大类：

第一类变量是独立于查询的。其中，N 是背景语料中文本的数量。两个调节参数 k_1 与 k_3 是根据不同的背景语料而设置的，而其中的 $K = k_1 \cdot \left((1 - b) + b \dfrac{\mathrm{dl}}{\mathrm{avdl}} \right)$，dl 是某文本长度，而 avdl 为背景语料中的平均文本长度。b 为超参数，用于调节文档长度对于词项权重的影响。

第二类参数则是与查询相关的。其中，$n(q_i)$ 是整个背景语料中，包含查询词 q_i 的文档数量。$\mathrm{tf}(q_i, d)$ 为某篇文档内的查询词项频率，$\mathrm{qtf}(q_i)$ 为某查询词项在查询中出现的频率。

2.2.2　DLM

迪利克雷语言模型 DLM(Dirichlet Language Model) 提出于 2004 年[69][92]，该模型至今仍是统计语言模型中最有效与受到最多关注的模型之一。

如前文所述，语言模型评估一篇文档是否与给定查询相关，其方法是通过逐一推断每个查询词在文档内生成的概率，因此每篇文档的评分计算方式如下：

$$\mathrm{LM}(D) = \sum_{i=1}^{|Q|} \log \frac{P(q_i \mid D)}{P(q_i \mid C)} \qquad (2.5)$$

(2.5)式中，$P(q_i \mid C) = \log \frac{\mathrm{cfq}_i}{|C|}$ 用于推断查询词项在整个数据集中的权重，其中 cfq_i 是某查询词项 q_i 在整个数据集中出现的频率，C 表示某个数据集，$|C|$ 是整个数据集中的词项数量。$P(q_i \mid D)$ 用于推断查询词项在某文档中的权重，D 表示某一篇文档。为了解决零概率问题，DLM 模型使用如下公式对 $P(q_i \mid D)$ 进行平滑：

$$P(q_i \mid D) = \frac{\mathrm{tf}(q_i,\ D) + \mu \dfrac{\mathrm{cf}(q_i)}{|C|}}{|D| + \mu} \qquad (2.6)$$

(2.6)式计算了某篇文档 D 内产生查询词项 qi 的概率，$\mathrm{tf}(q_i,\ D)$ 是查询词项 q_i 在文章 D 中出现的频率，D 表示某一文档，$|D|$ 表示文档内词项总数。除了考虑查询词项在文档中出现的频率外，该概率的计算同样引入了查询词项在数据集中的权重，即 $\dfrac{\mathrm{cf}(q_i)}{|C|}$，$\mu$ 是迪利克雷平滑系数，用于平衡查询词项在文档中的权重以及整个数据集中权重的相对权重，以获取较好的模型效果。

2.2.3　MATF

Paik 于 2013 年提出了一个新颖且十分有效的向量空间模型 MATF[52]，该模型通过一个由两部分构成的线性表达式对文中词项权重进行计算。其中一项用于通过引入背景语料内平均文档长度来对当前文档长度进行标准化，从而对词项在文档中的权重进行调整，该项被称为文本长度正则化词项频率（Length Regularized Term Frequency，LRTF），其表达式为：

$$\mathrm{LRTF}(t,\ d) = \mathrm{tf}(t,\ d) \log_2 \left(1 + \frac{\mathrm{avdl}}{\mathrm{dl}} \right) \qquad (2.7)$$

(2.7)式中，$\mathrm{tf}(t,\ d)$ 为查询词项 t 在文档 d 内的出现频率，dl 为当前文档的长度，avdl 为背景语料内文档的平均长度。而另一项则通过引入当前文档中所有词项的平均词项频率对某查询词项在文档中出现的频率进行标准化，从而对词项在文档中的权重进行调整，该项被称为文档内相对词项频率（Relative Intra-document Term Frequency，RITF），其表达式为：

$$\text{RITF}(t,\ d) = \frac{\log_2(1 + \text{tf}(t,\ d))}{\log_2(1 + \text{avgtf}(d))} \tag{2.8}$$

(2.8)式中，$\text{tf}(t,\ d)$ 为查询词项 t 在文档 d 内的出现频率，$\text{avgtf}(d)$ 为当前文档中包含词项的平均出现频率。以上两项中，在文档长度相对较短的时候，RITF 相对更加有效，反之则 LRTF 更为有效，模型可依据查询词的长度对二者的权重进行自动调整。此外，词项在背景语料中的权重（Term Discrimination Factor，TDF）的计算公式为：

$$\text{TDF}(t) = \frac{\text{cf}(t)/n(t)}{1 + \text{cf}(t)/n(t)} \cdot \log\frac{N+1}{n(t)} \tag{2.9}$$

(2.9)式中，$\text{cf}(t)$ 中词项 t 为在整个背景语料中出现的频率，$n(t)$ 为背景语料中包含查询词 t 的数量。N 为背景语料中包含文档的总篇数。此外，模型在对词项在文档中的权重进行计算时，采用 $f(x) = \dfrac{x}{1+x}$ 的形式对 RITF 与 LRTF 进行标准化。模型对于文档中的查询词项的权重计算表达式为：

$$w'(q_i,\ d) = \left(\gamma\frac{\text{RITF}(q_i,\ d)}{1 + \text{RITF}(q_i,\ d)} + (1-\gamma)\frac{\text{LRTF}(q_i,\ d)}{1 + \text{LRTF}(q_i,\ d)} \cdot \text{TDF}(q_i)\right) \tag{2.10}$$

(2.10)式中，$\gamma = \dfrac{2}{1 + \log_2(1 + \text{ql})}$ 是一个查询长度因子（query length factor），ql 为查询的长度。因此，当查询给定以后，文档的权重即是各个查询词项在文档中的权重之和：

$$\text{MATF}(q,\ d) = \sum_{q_i} w'(q_i,\ d) \tag{2.11}$$

2.2.4 LSPR-VSM

根据目前我们已检索到的文献，DSPF-VSM 是最早的基于滤波理论的信息检索模型，也是目前唯一一个引入空间向量词项权重计算方法的基于 DSP 理论的信息检索模型，它于 2010 年由 Costa 等提出[79]。该模型借鉴数字信号处理领域的概念，并将其映射至检索领域。模型将查询内的查询词项视为一个采用时域表示的信号，并且将文档中的查询词视为一个采用频域表示的带阻滤波器。因此，基于这些概念，检索过程被表示为滤波过程。具体而言，模型将查询视为一系列采用时域表示的频率互不相同的离散正弦信号：

$$x[n] = \sum_{i=1}^{|Q|} A_i \sin(2\pi f_i nT) = \sum_{i=1}^{|Q|} A_i \sin \frac{\pi f_i n}{N}, \ n \in \{1, \cdots, N\} \quad (2.12)$$

(2.12)式中，$x[n]$ 为查询，$|Q|$ 为查询中包含的词项总数，i 为查询词项的序号，$A_i \sin(2\pi f_i nT)$ 表示各个查询信号，$A_i = \log \dfrac{N}{n(q_i)}$ 为各个查询词项在整个背景语料中的权重，该权重计算方式与传统的向量空间模型 VSM 中词项权重计算方式保持一致，其中 N 为数据集中文档的总数量，$n(q_i)$ 为背景语料中包含的查询词 q_i 的文档的总数量，$f_i = [(300(i-1) + 200)F + 1]$Hz 为每个查询词项对应的正弦信号的频率，其中 i 为查询词在查询中的序号。为满足抽样定理，设 $F = 2$Hz，代表着在每个正弦函数周期中，系统对该连续正弦信号进行了两次抽样，使信号具备无失真还原成原连续信号的能力。由于该信号被采用时域表示形式，因此需要采用傅里叶变换将其转为频域表示，而在实际的实现过程中，我们采用快速傅里叶变换（FFT）来对该时域信号进行转换，在快速傅里叶变换的要求下，考虑到傅里叶变换后频谱图形的对称性，抽样的总次数 N 被设置为比 f_i 大的第一个 2 次幂常数的两倍，n 表示抽样点的序号。

此外，模型 LSPR-VSM 将文档中的查询词项表示为一个三角带阻滤波器，并采用频域表示形式。如图 2.5 所示，信号频谱与滤波器图形均为轴对称图形，且滤波器的中心频率被设置为信号的中心位置，以实现滤波。每个三角带阻滤波器的表达式如下：

$$\text{amplitude}_i = s \cdot \text{TF}_i \cdot \text{IDF}_i \quad (2.13)$$

其中，s 为一个超参数，用于人工调节滤波器的宽度，以获取较好的滤波效果；TF_i 部分衡量了查询词项在文档中的权重，IDF_i 衡量了词项在背景语料中的权重。

待表示查询词的信号转化为频谱后，则开始被滤波器过滤，过滤计算方式为在频域内各个频率点上，频谱谱线高度与滤波器在该点上纵坐标值的乘积。过滤的结果如图 2.6 所示。随后，在所有查询词所对应的信号被遍历且背景语料中所有文档被遍历后，文档被按照所有信号的频谱被过滤后的剩余能量总和进行排序。剩余的总能量越少，则文档排名越靠前，因为该文档对应的滤波器组具备对信号组更强的过滤能力，即文档与给定查询之间具备更强的相关性。

2.2.5 LSPR-BM25

根据目前我们已检索到的文献，DSPF-BM25 是目前效果最佳的基于 DSP 理论的信息检索模型，也是目前唯一一个引入概率模型词项权重计算方法的基于 DSP 理论的信息检索模型，它于 2015 年由 Costa 等提出[80]。该模型借鉴数字信号处理领域的概念，并将其映射至检索领域：模型将查询内的查询词项视为一个信号，并采用时域表示形式，同时将文档中的查询词视为一个三角带阻滤波器，采用频域表示形式。因此，基于这些概念，检索过程被表示为滤波过程。具体而言，模型将查询视为一系列频率互不相同的离散正弦信号，表示为：

$$x[n] = \sum_{i=1}^{|Q|} A_i \sin(2\pi f_i nT) = \sum_{i=1}^{|Q|} A_i \sin\frac{\pi f_i n}{N}, \ n \in \{1, \cdots, N\} \quad (2.14)$$

(2.14)式中，$x[n]$ 为查询表示，$|Q|$ 为查询中包含的词项总数，i 为查询词项的序号，$A_i \sin(2\pi f_i nT)$ 表示各个查询词的信号，$A_i = \log\dfrac{N - n(q_i) + 0.5}{n(q_i) + 0.5}$ 为各个查询词项在整个数据集中的权重，在此被设置为 BM25 中词项在整个背景语料中的权重，其中 N 为数据集中文档的总数量，$n(q_i)$ 为背景语料中包含查询词 q_i 的文档的总数量，$f_i = [(300(i-1) + 200)F + 1]$Hz 为每个查询词项所对应的正弦信号的频率，其中 i 为查询词在查询中的序号，为满足抽样定理，取 $F=2$Hz，代表着在每个连续正弦函数周期中，系统对该信号进行了两次抽样，以使信号具备无失真还原成原连续信号的能力。由于该信号被采用时域表示形式，因此需要采用傅里叶变换将其转为频域表示，而在实际的实现过程中，我们采用快速傅里叶变换（FFT）来对该时域信号进行转换。基于快速傅里叶变换的要求，考虑到傅里叶变换后频谱图形的对称性，抽样的总次数 N 被设置为比 f_i 大的第一个 2 次幂常数的两倍，n 表示抽样点的序号。

此外，模型 LSPF-BM25 将出现在文档中的查询词项表示为一个三角带阻滤波器，采用频域表示形式。如图 2.5 所示，信号频谱与滤波器图形均为轴对称图形，且滤波器的中心频率被设置为信号的中心位置，以实现滤波。每个三角带阻滤波器的表达式如下：

$$\text{amplitude}_i = s \cdot \frac{\text{TF}'_i}{k_1 + \text{TF}'_i} \cdot \frac{\text{IDF}_i}{\max_{qj}\text{IDF}'_j} \qquad (2.15)$$

(2.15)式中，s 为一个超参数，用于人工调节滤波器的宽度，以获取较好的滤波效果；k_1 同为超参数；$\text{IDF}_i = \log\dfrac{N - n(q_i) + 0.5}{n(q_i) + 0.5}$ 为 BM25 模型对于查询词项 q_i 在数据集中的权重，$\max_{qj}\text{IDF}'_j$ 为查询词在所有查询词中的最大权重。$\text{TF}'_i = \text{TF}_i/B$，$\text{TF}_i$ 为查询词项 q_i 在背景语料中出现的频率，其中 $B = (1 - b) + b\dfrac{\text{dl}}{\text{avdl}}$，$dl$ 为当前文本长度，$avdl$ 为数据集平均文本长度，b 为超参数，用于调节文本长度对文本与查询相关可能性的影响。

待查询词所表示的信号被转化为频谱后，则开始被滤波器过滤，在频域中的计算方式为每个对应的频率点的乘积，每个滤波器对信号进行过滤的结果如图 2.6 所示。随后，在所有查询词所对应的频谱被遍历且所有数据集中的文档被遍历后，文档被按照其对于信号的过滤多少进行排序。剩余的频谱总能量越少，则文档排名越靠前，反之则靠后，因为该文档对应的滤波器组具备对信号组更强的过滤能力，即反映出文档与给定查询之间更可能存在相关性。

第 3 章　基于 DSP 理论的信息检索模型构架

对于 DSP 理论的信息检索模型，其有效性基于两点：构架的有效性以及引入的词项权重计算方法的有效性。其中，构架的有效性包含查询词项的表示方式、文档的表示方式以及以这些表示方式为依据的滤波过程的具体实现。本章将对模型构架进行介绍，而关于词项权重的引入方式，将分别在第 4、5、6 章进行详尽阐述，这些介绍均会涉及数字信号处理领域的基本知识[93][94][95]。

依据前文对于现阶段基于 DSP 理论的模型框架的分析，LSPR 构架存在着一些缺陷：首先，其查询词被表示为一系列信号，采用了时域表示形式，而文档被表示为滤波器组，但却采用频域表示形式，二者表示形式不统一，不方便滤波计算。因此信号需要经过傅里叶变换转为频域表示，导致了模型实现过程烦琐，参数调控不直接，最终模型效果不理想。其次，所有查询词被表示为正弦信号，因所有正弦信号被变换至频域表示后，其频谱仅为一条狭窄的谱线，无法体现查询词之间的权重差异，因此需做特殊处理以保证在进行傅里叶变换时频谱泄露现象的产生，该过程进一步增加了模型的实现难度，且频谱泄露产生的效果难以被控制与保证，因此模型效果不理想。本书提出的构架 DSPF 即是在引入 LSPR 构架思想的同时，针对以上问题进行改良的。

3.1　查询的表示

在本书提出的 DSPF 构架中，每个查询中的词项被表示为由各个核函数曲线所包络的频谱。在本研究中，我们选用 Zhao 等在 2011 年提出的 7 种核函数[62]，这些核函数为 Gaussian、Triangle、Circle、Cosine、Quartic、Epanechnikov 以及 Triweight 核函数。它们所对应的频谱如图 3.1 至图 3.7 所示。

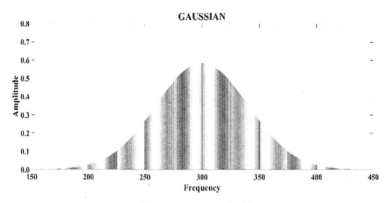

图 3.1　Gaussian 频谱

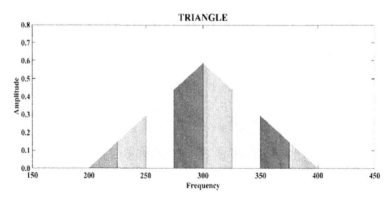

图 3.2　Triangle 频谱

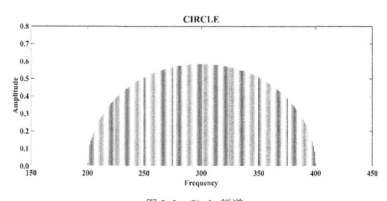

图 3.3　Circle 频谱

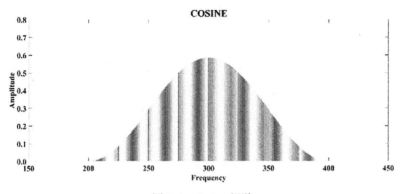

图 3.4 Cosine 频谱

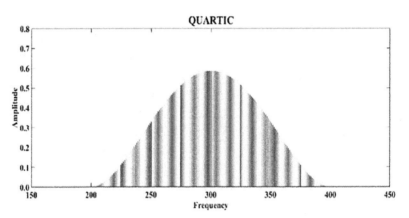

图 3.5 Quartic 频谱

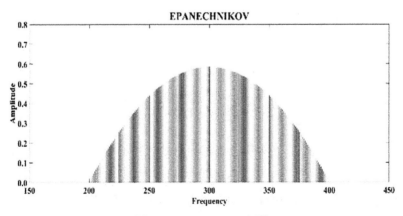

图 3.6 Epanechnikov 频谱

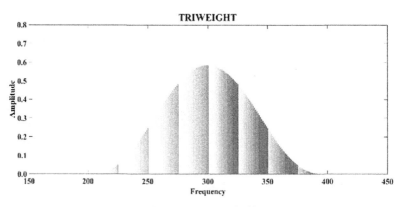

图 3.7　Triweight 频谱

如图 3.1 至图 3.7 所示，每个查询词被表示为各种核函数曲线所包络的频谱，其对应的表达式分别为：

$$\text{Gaussian：}\quad y[n] = \sum_{i=1}^{|Q|} A_i e^{-\frac{(f_j - f_i)^2}{2\sigma^2}} \tag{3.1}$$

$$\text{Triangle：}\quad y[n] = \sum_{i=1}^{|Q|} A_i \left[1 - \frac{(f_j - f_i)}{\sigma} \right] \cdot 1_{|l \geqslant f_j - f_i|} \tag{3.2}$$

$$\text{Circle：}\quad y[n] = \sum_{i=1}^{|Q|} A_i \left[1 - \frac{(f_j - f_i)}{\sigma} \right] \cdot 1_{|l \geqslant f_j - f_i|} \tag{3.3}$$

$$\text{Cosine：}\quad y[n] = \sum_{i=1}^{|Q|} \frac{A_i}{2} \left\{ 1 + \cos\left[\frac{(f_j - f_i)\pi}{\sigma} \right] \right\} \cdot 1_{|l \geqslant f_j - f_i|} \tag{3.4}$$

$$\text{Quartic：}\quad y[n] = \sum_{i=1}^{|Q|} A_i \left[1 - \frac{(f_j - f_i)^2}{\sigma^2} \right]^2 \cdot 1_{|l \geqslant f_j - f_i|} \tag{3.5}$$

$$\text{Epanechnikov：}\quad y[n] = \sum_{i=1}^{|Q|} A_i \left[1 - \frac{(f_j - f_i)^2}{\sigma^2} \right] \cdot 1_{|l \geqslant f_j - f_i|} \tag{3.6}$$

$$\text{Triweight：}\quad y[n] = \sum_{i=1}^{|Q|} A_i \left[1 - \frac{(f_j - f_i)^2}{\sigma^2} \right]^3 \cdot 1_{|l \geqslant f_j - f_i|} \tag{3.7}$$

以上公式中，$j \in (1, M)$，M 为给定查询的信号组频谱谱线总数量，频谱间隔被设置为 1Hz，每个频谱中心频率处的高度由词项在数据集中的权重 A_i 表示，而各个频谱的宽度均由核函数中的超参数 σ 控制，该参数可根据各个背景语料人工调优。$y[n]$ 表示查询，$|Q|$ 表示查询中词项数量，i 为查询词的序号，f_i 为每个信

号的中心频率，被设置为 $300i$，f_j 为频谱中各个谱线对应的频率。由上述公式可以发现，每个信号的形状由两个参数决定，即 A_i 与 σ，因此上述核函数均可以用一个通用公式简要表示：

$$\text{KernelFunction:} \quad y[n] = \sum_{i=1}^{|Q|} A_i \varphi(\sigma) \tag{3.8}$$

其中，$\varphi(\sigma)$ 为参数 σ 的函数，该函数形式由各个核函数而定。因此，查询被表示为一系列查询词项对应的频谱，如图3.8所示。不同查询词项所表示的频谱由不同的颜色标识，这些频谱均有不同的高度。在数据集中较为稀缺的查询词项，即在背景语料中权重较大的查询词项，其对应的频谱高度较高。

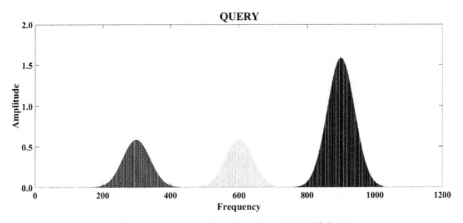

图3.8 包含三个词项的查询对应的频谱序列

由此表示方式，可使构架省去其他基于数字信号处理的构架 LSPR 中的傅里叶变换与信号二次处理(以制造频谱泄露)过程，使模型实现变得更加简便易行。在我们提出的 DSPF 构架中，信号的宽度可通过超参数 σ 直接控制，以获得较好的检索效果。

3.2 文本的表示

DSPF 构架中将每篇文档中出现的查询词表示为采用频域表示形式的三角带阻滤波器，如图3.9所示。

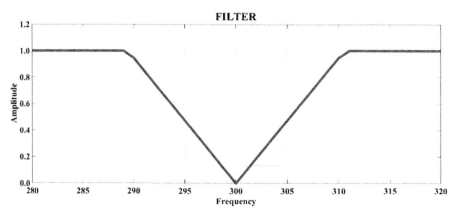

图 3.9　文本中的查询词项对应的三角带阻滤波器

由图 3.9 可知，在给定查询且查询词在文档中出现的情况下，文档内查询词所对应的滤波器将会被建立，该滤波器中心位置与频谱的中心位置完全吻合，以实现过滤（见图 3.10）。

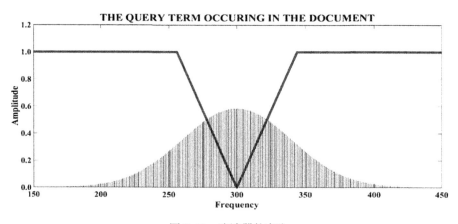

图 3.10　滤波器的产生

该滤波器在频域内的图形为轴对称图形，而它的每侧翼的宽度被称为它的幅度（amplitude），该幅度的值被设置为：

$$\text{amplitude} = s \cdot \text{TF}_i \cdot \text{IDF}_i \tag{3.9}$$

其中 $TF_i \cdot IDF_i$ 部分同时衡量了词项在文档中的权重与在数据集中的权重(当然在引入某些模型的词项权重计算方式时,不一定完全遵循二者乘积的形式,例如统计语言模型。但该部分计算中必须包含两种权重信息)。s 为一个超参数,在实验中被进行人工调节以获取较好的模型效果。

3.3 检索过程的表示

DSPF 构架中将检索过程视为滤波过程,当文档内出现查询词,则滤波器产生,滤波随之进行,过滤结果如图 3.11 所示。

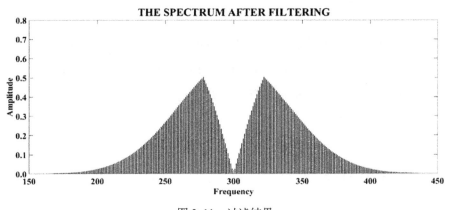

图 3.11 过滤结果

由图 3.11 可以看出,由于采用的滤波器为三角形带阻滤波器,因此原始频谱的中心位置被最大程度地过滤,过滤程度由中心位置向两侧逐渐减弱,最终形成图中所描绘的结果。

随后,在所有查询词所对应的频谱被遍历且所有数据集中的文档被遍历后,文档被按照其对于信号的过滤多少进行排序。剩余的频谱总能量越少,则文档排名越靠前,反之则靠后,因为该文档对应的滤波器组具备对信号组更强的过滤能力,即反映出文档与给定查询之间更可能存在相关性。

第 4 章　基于 DSP 理论与概率模型词项权重计算的检索模型

第 3 章介绍了我们提出的基于 DSP 理论的信息检索模型构架 DSPF。DSPF 是一个将查询内的词项表示为频谱，将文档中的查询词表示为滤波器，并将查询过程表示为滤波过程的信息检索模型构架（framework），然而。若将其用于检索，还需要引入特定的词项权重计算方法（term weighting scheme），才可产生相应的检索模型。本章将 DSPF 构架与概率模型权重计算方法相结合。具体而言，本章将经典概率模型 BM25 中的词项权重计算方法进行改进，并引入 DSPF，提出相应的模型 DSPF-BM25。

4.1　DSPF-BM25

DSPF-BM25 是基于第 3 章中所提出的构架 DSPF，将 BM25 的词项权重计算方法引入，进而提出的模型。在该模型中，我们将查询直接表示为一系列频谱。为使 DSPF-BM25 模型获取较理想的检索效果，必须找到查询词项较优的表示方式。我们尝试将查询词项表示为七种不同频谱形式，如图 3.1 至图 3.7 所示。这七种频谱分别被不同的包络线所包围，包络线对应的核函数为 Zhao 等在 2011 年提出的 CRTER 模型中选用的 7 种核函数[62]。这些核函数分别是 Gaussian、Triangle、Circle、Cosine、Quartic、Epanechnikov 以及 Triweight 核函数，与之对应的频谱表达式详见(3.1)式到(3.7)式。其通用表达式为：

$$\text{KernelFunction：} \quad y[n] = \sum_{i=1}^{|Q|} A_i \varphi(\sigma) \tag{4.1}$$

(4.1)式中,$y[n]$表示查询,$|Q|$表示查询中词项数量,i为查询词的序号,$j \in$(1,M),M为给定查询所表示的信号组的谱线总数量,j为整个频谱谱线的序号,频谱频率间隔被设置为1Hz,f_i为每个信号的中心频率,被设置为$300i$,f_j为频谱中各个谱线对应的频率,而各个频谱的宽度均由核函数中的超参数σ控制,该参数可根据各个背景语料人工调优。A_i为每个查询词项对应的信号频谱的中心位置的高度。在DSPF-BM25中,我们引入经典概率模型BM25对于词项在整个背景语料中的权重计算方式,即$A_i = \log \dfrac{N - n(q_i) + 0.5}{n(q_i) + 0.5}$,其中$N$为背景语料中文档的总数,$n(q_i)$为背景语料中包含查询词项$q_i$的文档总数。

在DSPF-BM25模型中,文档中的查询词被表示为三角形式的带阻滤波器(见图3.9)。在给定查询且查询词在文档中出现的情况下,文档内查询词所对应的滤波器将被建立,该滤波器中心位置与频谱的中心位置完全吻合,以实现过滤(见图3.10)。如前文所述,该滤波器图形具有轴对称性,它的每侧翼的宽度被称为它的宽度(amplitude_i),该幅度的值被设置为:

$$\text{amplitude}_i = s \cdot \log_2(\text{TF}'_i + 1) \cdot \log_2(\text{IDF}'_i + 1) \tag{4.2}$$

(4.2)式中,i为查询词项在查询中的序号,s为超参数,用于调节滤波器的宽度,$\log_2(\text{IDF}'_i + 1)$部分为DSPF-BM25中查询词项在整个数据集中的权重,其中IDF'_i为BM25中词项在整个数据集中的权重,即$\text{IDF}'_i = \log \dfrac{N - n(q_i) + 0.5}{n(q_i) + 0.5}$;$\log_2(\text{TF}'_i + 1)$部分是DSPF-BM25中查询词项在文档中的权重,其中$\text{TF}'_i = \dfrac{(k_1 + 1) \cdot \text{tf}(q_i, d)}{K + \text{tf}(q_i, d)}$,式中$\text{tf}(q_i, d)$为查询词项$q_i$在文档$d$中出现的频率,$k_1$为调节参数,用于调节查询词项$q_i$在文档$d$中的出现频率对于推断文档与查询之间相关性的影响程度,其中$K = k_1 \cdot \left((1 - b) + b \dfrac{\text{dl}}{\text{avdl}} \right)$,其与BM25中的参数$K$设置相同,式中$\text{dl}$为文档$d$的长度,$\text{avdl}$为背景语料中文档的平均长度,$b$为一个超参数,用于调节查询词项$q_i$在文档$d$中的出现频率对于推断文档与查询之间相关性的影响程度。

DSPF-BM25 将查询过程表示为滤波过程,待查询词所表示的信号被转化为频谱后,则开始被滤波器过滤。在频域中的计算方式为每个对应的频率点的乘积,每个滤波器对信号进行过滤的结果如图 3.11 所示。随后,在所有查询词所对应的频谱被遍历且所有数据集中的文档被遍历后,文档被按照其对于信号的过滤多少进行排序。剩余的频谱总能量越少,则文档排名越靠前,反之则靠后,因为该文档对应的滤波器组具备对信号组更强的过滤能力,即反映出文档与给定查询之间更可能存在相关性。

4.2　模型效果检验

在本小节中,将通过实验来验证在我们所提出的 DSPF 模型构架下,引入概率模型词项权重计算方法的有效性。我们将依据三种检索准确率指标,将模型 DSPF-BM25 与若干基线模型(baseline models)在相同的数据集上进行检索效果对比测试,以验证 DSPF-BM25 的有效性。

4.2.1　实验设置

为了验证模型 DSPF-BM25 的有效性,我们将在 AP90、AP88-89、FBIS、DISK45、TREC8、WT2G、WT10G 七个数据集上对模型效果进行测试。这些数据集在大小与文本题材类型上均存在着差别[96][97],以此测试我们所提出的模型的广泛适用性。AP90 是美联社(Association Press)于 1990 年刊发的新闻数据集,AP88-89 是美联社于 1988—1989 年刊发的新闻数据集。FBIS(Foreign Broadcast Information Service)为美国中央情报局科学技术总处所获取与翻译的海外新闻广播类文本数据集。DISK45 是一个广泛收录各种来源新闻的数据集,其来源包含《金融时报》(Financial Times)、《美联社新闻》(Association Press)、《华尔街日报》(Wall Street Journal)等,这些文章被认为是几乎没有噪声的高质量数据集。TREC8 与 DISK45 拥有完全相同的文本内容,但 TREC8 所对应的查询集与 DISK45 所对应的查询集不同。WT2G 是一个数据大小为 2G 的数据集,包含

247491 篇网络爬取的英文文档，该数据集被用于第 8 次文本检索大会(TREC8)。WT10G 是一个大小为 10G 的数据集，包含从网络上爬取的 1692096 篇中等长度英文文本的数据集，它被用于第 9 次与第 10 次文本检索大会(TREC9、TREC10)，数据集具体信息如表 4.1 所示。

表4.1　　　　　　　　　　　　　　　　**数据集相关信息**

数据集	文档数	大小	主题编号	主题数
AP90	78321	0.24GB	51-100	50
AP88-89	164597	0.49GB	51-100	50
FBIS	130471	0.47Gb	351-450	100
DISK4&5	741856	2GB	51-200	150
TREC8	528155	1.85GB	301-450	150
WT2G	247491	2GB	401-450	50
WT10G	1692096	10GB	451-550	100

实验进行的第一步是对数据集中文本建立索引，在建立索引与查询过程中，删除数据集上没有对给定查询与文章进行相关判断的查询主题。随后，我们将使用 Porters English Stemmer 对所有数据集中词项进行词干化[98]，并使用标准 InQuery 停用词表(包含 418 个停用词)对数据集文本进行去停用词操作[99]。每个主题包含三个主题域信息，包括题目(title)、查询描述(description)，以及相应的叙述(narrative)。我们将仅仅使用题目进行查询，这样更加贴近模型在实际应用中的情形，因为用户仅会在搜索栏输入若干关键词。本书使用检索后返回的前 1000 篇文档的平均正确率 MAP，即 Precision@1000(P@1000)作为模型有效性的主要检验指标。它是美国信息检索领域权威专家组在逐篇进行文本与查询之间相关性判定后给出的二值相关性(相关或不相关)评价指标，也是美国 TREC 会议对信息检索模型效果进行评估的官方使用指标，与此类似的是 Precision@k(P@k)，即用来评估排名前 k 位的文本与查询的相关度，本书中的 k 的值设置为 10 和 20，即用 Precision@10(P@10)以及 Precision@20(P@20)作为模型效果评价的指标。

所有的统计显著性检验均采用威尔科克森符号秩检验（Wilcoxon matched-pairs）。

4.2.2 实验参数设置

为了验证本书所提出的模型 DSPF-BM25 的有效性，本实验将选取三个基线模型（baseline models）与 DSPF-BM25 在相同的数据集中进行实验效果对比。首先我们选择 BM25 作为本次实验的基线模型，因为我们提出的 DSPF-BM25 引用了经典概率模型 BM25 的词项权重计算方法。同时，本书引入了 BM25+ 作为基线模型，它是基于 BM25 进行改良后产生的模型，具体而言，是对 BM25 中的词项频率标准化部分设定了最低边界。BM25 与 BM25+ 均是信息检索领域的学者在研究中广泛使用的基线模型。此外，我们将 LSPR-BM25 作为基线模型，因为该模型是迄今为止最有效的基于 DSP 理论的信息检索模型，同时该模型也引入了 BM25 中的词项权重计算方法，通过与其实验效果对比分析，可以合理验证我们所提出的模型构架的有效性。

在 BM25、BM25+、LSPR-BM25 以及 DSPF-BM25 中，k_1、k_3 值分别被设置为 1.2 与 8，该参数值设置由 BM25 提出者 Robertson 等推荐[100]，此外 b 值被设置为 0.35，该参数值被认为可以使模型普遍获得较好结果[101]。在 LSPR-BM25 模型中，滤波器的宽度参数 s 的值将被由 1 调节至 200，间隔为 1。在 DSPF-BM25 中，查询词项被表示为频谱，当频谱形式为 Gaussian、Cosine、Triangle、Quartic、Epanechnikov 以及 Triweight 等核函数图形时，宽度参数 σ 将由 100 调节至 1500，间隔为 100；当频谱形式为 Circle 核函数图形时，宽度参数 σ 将由 1000 调节至 15000，间隔为 1000。滤波器宽度调节参数 s 将由 5 调节至 45，间隔为 5。在参数调节过程中，本研究选用了粗粒度调参，即参数调节间隔较大，以检验模型对于参数调节粒度的依赖性，从而验证模型的普遍适用性。

4.2.3 实验结果分析

图 4.1 展示了我们所提出的模型 DSPF-BM25 在结合 7 种核函数的情形下与基线模型 BM25、BM25+ 和 LSPR-BM25 在以 MAP 为模型效果评价依据时的效果比较。图中所示的所有结果均为基于实验预设中的给定参数下的最佳结果，由图可知，模型 DSPF-BM25 在结合不同的核函数时表现出了不同的效果，因此我们

将依据模型所结合的核函数的不同，分别对模型效果进行讨论。当 DSPF-BM25 模型结合 Gaussian 核函数或 Cosine 核函数时，在实验中的所有数据集上，其效果均超越所有基线模型(强基线概率模型 BM25、BM25+与当前效果最佳的基于 DSP 理论的检索模型 LSPR-BM25)。此外，当 DSPF-BM25 结合 Quartic 与 Triweight 核函数时，DSPF-BM25 效果在所有数据集上均超过 LSPR-BM25，并在大多数数据集上超越 BM25 与 BM25+。当 DSPF-BM25 结合 Triangle 核函数时，DSPF-BM25 在大多数数据集上超越 BM25、BM25+与 LSPR-BM25。当 DSPF-BM25 模型结合 Epanechnikov 核函数时，DSPF-BM25 在大多数数据集上超越 LSPR-BM25，而总体效果弱于 BM25、BM25+。当 DSPF-BM25 结合 Circle 核函数时，模型仅在少数数据集上超越 BM25、BM25 + 与 LSPR-BM25。综上所述，DSPF-BM25 结合 Gaussian 或 Cosine 核函数是最佳选择。

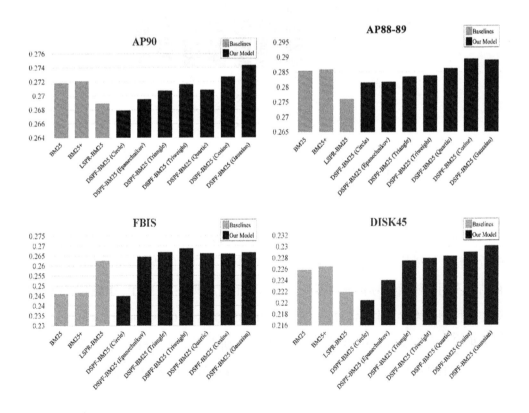

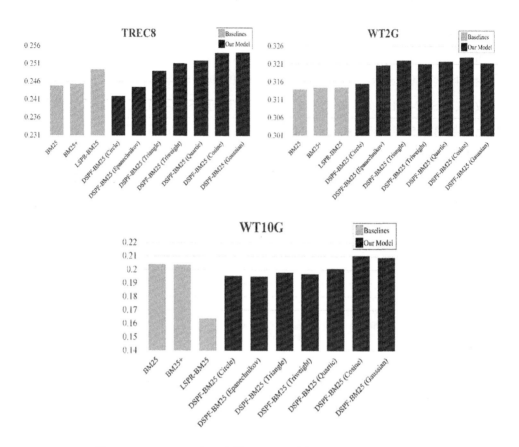

图 4.1　DSPF-BM25 与基线模型在所有数据集上的 MAP 结果对比

　　表 4.2 至表 4.8 为我们提出的 DSPF-BM25 与基线模型的详细效果比较。表中所有模型结果均为基于实验预设中的给定参数下的最佳结果。由表可知，模型在结合不同的核函数时表现均不相同。综合而言，即在以 MAP、P@ 10、P@ 20 等作为模型效果参照指标的情况下，DSPR-BM25 结合 Gaussian 与 Cosine 核函数时效果最佳。后文表格中出现的"＊＊＊"代表本研究所提出的模型查准率P@ k 显著高于对应的基线模型查准率(具备基于 Wilcoxon 符号秩检验的统计学意义)。

表 4.2　结合 Gaussian 核函数的 DSPF-BM25 模型与基线模型的效果比较

模型	指标	AP90	AP88-89	FBIS	DISK45	TREC8	WT2G	WT10G
BM25	MAP	0.2718	0.2854	0.2460	0.2258	0.2448	0.3139	0.2037
	P@10	0.4468	0.4306	0.3049	0.4233	**0.4680**	**0.4820**	0.3133
	P@20	0.4043	0.4000	0.2642	**0.3623**	0.3930	0.3930	**0.2612**
BM25+	MAP	0.2721	0.2859	0.2465	0.2265	0.2453	0.3144	0.2036
	P@10	0.4404	0.4367	0.3062	**0.4273**	**0.4680**	0.4800	**0.3143**
	P@20	0.4043	0.3990	0.2660	0.3657	0.3950	0.3890	**0.2612**
LSPR-BM25	MAP	0.2689	0.2760	0.2625	0.2219	0.2494	0.3167	0.1638
	P@10	0.4511	0.4204	0.3198	0.4093	0.4420	0.4660	0.2153
	P@20	0.4000	0.3990	**0.2759**	0.3553	0.3960	0.3830	0.2061
DSPF-BM25 (Gaussian)	MAP	**0.2743**	**0.2890**	0.2665	**0.2301**	0.2542	**0.3213**	**0.2092**
	↑BM25	+0.92%	+1.26%	+8.33%***	+1.90%	+3.84%	+2.36%***	+2.70%
	↑BM25+	+0.81%	+1.08%	+8.11%***	+1.59%	+3.63%	+2.19%***	+2.75%
	↑LSPR-BM25	+2.01%***	+4.71%	+1.52%	+3.70%***	+1.92%	+0.45%	+27.72%***
	P@10	**0.4617**	**0.4449**	**0.3296**	0.4200	0.4640	0.4800	0.3010
	↑BM25	+3.33%	+3.32%	+8.10%***	-0.78%	-0.85%	-0.41%	-3.93%
	↑BM25+	+4.84%	+1.88%	+7.64%***	-1.71%	-0.85%	+0.00%	-4.23%
	↑LSPR-BM25	+2.35%	+5.83%	+3.06%	+2.61%	+4.98%	+3.00%	+39.80%***
	P@20	**0.4138**	**0.4041**	0.2728	0.3610	**0.3980**	**0.3940**	0.2551
	↑BM25	+2.35%	+1.02%	+3.26%	-0.36%	+1.27%	+0.25%	-2.34%
	↑BM25+	+2.35%	+1.28%	+2.56%	-1.29%	+0.76%	+1.29%	-2.34%
	↑LSPR-BM25	+3.45%	+1.28%	-1.12%	+1.60%***	+0.51%	+2.87%	+23.77%***

表 4.3　结合 Cosine 核函数的 DSPF-BM25 模型与基线模型的效果比较

模型	指标	AP90	AP88-89	FBIS	DISK45	TREC8	WT2G	WT10G
BM25	MAP	0.2718	0.2854	0.2460	0.2258	0.2448	0.3139	0.2037
	P@10	0.4468	0.4306	0.3049	0.4233	0.4680	**0.4820**	0.3133
	P@20	**0.4043**	**0.4000**	0.2642	0.3623	0.3930	0.3930	**0.2612**
BM25+	MAP	0.2721	0.2859	0.2465	0.2265	0.2453	0.3144	0.2036
	P@10	0.4404	0.4367	0.3062	**0.4273**	0.4680	0.4800	**0.3143**
	P@20	**0.4043**	0.3990	0.2660	**0.3657**	0.3950	0.389	**0.2612**
LSPR-BM25	MAP	0.2689	0.2760	0.2625	0.2219	0.2494	0.3167	0.1638
	P@10	**0.4511**	0.4204	0.3198	0.4093	0.4420	0.4660	0.2153
	P@20	0.4000	0.3990	0.2759	0.3553	0.3960	0.3830	0.2061
DSPF-BM25（Cosine）	MAP	**0.2727**	**0.2894**	**0.2659**	**0.2290**	**0.2541**	**0.3229**	**0.2104**
	↑BM25	+0.33%	+1.40%	+8.09%***	+1.42%	+3.80%	+2.87%***	+3.29%
	↑BM25+	+0.22%	+1.22%	+7.87%***	+1.10%	+3.59%	+2.70%***	+3.34%
	↑LSPR-BM25	+1.41%	+4.86%	+1.30%	+3.20%***	+1.88%	+1.96%	+28.45%***
	P@10	0.4489	**0.4327**	**0.3284**	0.4140	**0.4700**	0.4740	0.3071
	↑BM25	+0.47%	+0.49%	+7.71%***	-2.20%	+0.43%	-1.66%	-1.98%
	↑BM25+	+1.93%	-0.92%	+7.25%***	-3.11%	+0.43%	-1.25%	-2.29%
	↑LSPR-BM25	-0.05%	+2.93%	+2.69%	+1.19%	+6.33%***	+1.72%	+42.64%***
	P@20	**0.4043**	0.3990	**0.2809**	0.3627	**0.4070**	**0.3950**	0.2536
	↑BM25	+0.00%	-0.25%	+6.32%***	+0.11%	+3.56%	+0.51%	-2.91%
	↑BM25+	+0.00%	+0.00%	+5.60%***	-0.82%	+3.038%	+1.54%	-2.91%
	↑LSPR-BM25	+1.07%	+0.00%	+1.81%	+2.08%	+2.78%	+3.13%	+23.05%***

表 4.4　结合 Quartic 核函数的 DSPF-BM25 模型与基线模型的效果比较

模型	指标	AP90	AP88-89	FBIS	DISK45	TREC8	WT2G	WT10G
BM25	MAP	0.2718	0.2854	0.2460	0.2258	0.2448	0.3139	**0.2037**
	P@10	0.4468	0.4306	0.3049	0.4233	**0.4680**	**0.4820**	0.3133
	P@20	**0.4043**	**0.4000**	0.2642	0.3623	0.3930	0.3930	**0.2612**
BM25+	MAP	**0.2721**	0.2859	0.2465	0.2265	0.2453	0.3144	0.2036
	P@10	0.4404	**0.4367**	0.3062	**0.4273**	**0.4680**	0.4800	**0.3143**
	P@20	**0.4043**	0.3990	0.2660	**0.3657**	0.3950	0.3890	**0.2612**
LSPR-BM25	MAP	0.2689	0.2760	0.2625	0.2219	0.2494	0.3167	0.1638
	P@10	**0.4511**	0.4204	0.3198	0.4093	0.4420	0.4660	0.2153
	P@20	0.4000	0.3990	0.2759	0.3553	0.3960	0.3830	0.2061
DSPF-BM25（Quartic）	MAP	0.2708	**0.2862**	**0.2662**	**0.2283**	**0.2520**	**0.3217**	0.2008
	↑BM25	-0.37%	+0.28%***	+8.21%***	+1.11%	+2.94%***	+2.48%***	-1.42%
	↑BM25+	-0.48%	+0.10%	+7.99%***	+0.79%	+2.73%***	+2.32%***	-1.38%
	↑LSPR-BM25	+0.71%	+3.70%	+1.41%	+2.88%***	+1.04%	+1.58%	+22.59%***
	P@10	0.4426	0.4224	**0.3272**	0.4253	0.4620	0.4800	0.2990
	↑BM25	-0.94%	-1.90%	+7.31%***	+0.47%	-1.28%	-0.41%	-4.56%
	↑BM25+	+0.50%	-3.27%	+6.86%***	-0.47%	-1.28%	+0.00%	-4.87%
	↑LSPR-BM25	-1.89%	+0.48%	+2.31%	+3.91%***	+4.52%	+3.00%	+38.88%***
	P@20	0.4011	0.3980	**0.2802**	0.3650	**0.4040**	**0.3940**	0.2500
	↑BM25	-0.79%	-0.50%	+6.06%***	+0.75%	+2.80%	+0.25%	-4.29%
	↑BM25+	-0.79%	-0.25%	+5.34%	-0.19%	+2.28%	+1.29%	-4.29%
	↑LSPR-BM25	+0.27%	-0.25%	+1.56%	+2.73%	+2.02%	+2.87%***	+21.30%***

表 4.5　结合 Triweight 核函数的 DSPF-BM25 模型与基线模型的效果比较

模型	指标 / 数据集	AP90	AP88-89	FBIS	DISK45	TREC8	WT2G	WT10G
BM25	MAP	0.2718	0.2854	0.2460	0.2258	0.2448	0.3139	**0.2037**
	P@10	0.4468	0.4306	0.3049	0.4233	**0.4680**	**0.4820**	0.3133
	P@20	**0.4043**	**0.4000**	0.2642	0.3623	0.3930	0.3930	**0.2612**
BM25+	MAP	**0.2721**	**0.2859**	0.2465	0.2265	0.2453	0.3144	0.2036
	P@10	0.4404	**0.4367**	0.3062	**0.4273**	**0.4680**	0.4800	**0.3143**
	P@20	**0.4043**	0.3990	0.2660	**0.3657**	0.3950	0.3890	**0.2612**
LSPR-BM25	MAP	0.2689	0.2760	0.2625	0.2219	0.2494	0.3167	0.1638
	P@10	**0.4511**	0.4204	0.3198	0.4093	0.4420	0.4660	0.2153
	P@20	0.4000	0.3990	0.2759	0.3553	0.3960	0.3830	0.2061
DSPF-BM25 (Triweight)	MAP	0.2716	0.2838	0.2687	0.2279	0.2512	0.3210	0.1970
	↑BM25	-0.07%	-0.56%	+9.23%***	+0.93%	+2.61%	+2.26%***	-3.29%
	↑BM25+	-0.18%	-0.73%	+9.01%***	+0.62%	+2.41%	+2.10%***	-3.24%
	↑LSPR-BM25	+1.00%	+2.83%	+2.36%	+2.70%	+0.72%	+1.36%	+20.27%***
	P@10	0.4468	0.4306	**0.3321**	0.4220	0.4640	0.4800	0.3010
	↑BM25	+0.00%	+0.00%	+8.92%***	-0.31%	-0.85%	-0.41%	-3.93%
	↑BM25+	+1.45%	-1.40%	+8.46%***	-1.24%	-0.85%	+0.00%	-4.23%
	↑LSPR-BM25	-0.95%	+2.43%	+3.85%	+3.10%	+4.98%	+3.00%	+39.80%***
	P@20	**0.4043**	**0.4000**	0.2735	0.3617	**0.3960**	**0.3970**	0.2520
	↑BM25	+0.00%	+0.00%	+3.52%***	-0.17%	+0.77%	+1.02%	-3.52%
	↑BM25+	+0.00%	+0.25%	+2.82%***	-1.09%	+0.25%	+2.06%	-3.52%
	↑LSPR-BM25	+1.07%	+0.25%	-0.87%	+1.80%	+0.0%	+3.66%***	+22.27%***

表 4.6 结合 Triangle 核函数的 DSPF-BM25 模型与基线模型的效果比较

模型	指标 数据集	AP90	AP88-89	FBIS	DISK45	TREC8	WT2G	WT10G
BM25	MAP	0.2718	0.2854	0.2460	0.2258	0.2448	0.3139	**0.2037**
	P@10	0.4468	0.4306	0.3049	0.4233	**0.4680**	**0.4820**	0.3133
	P@20	**0.4043**	0.4000	0.2642	0.3623	0.3930	0.3930	**0.2612**
BM25+	MAP	**0.2721**	**0.2859**	0.2465	0.2265	0.2453	0.3144	0.2036
	P@10	0.4404	**0.4367**	0.3062	0.4273	**0.4680**	0.4800	**0.3143**
	P@20	**0.4043**	0.3990	0.2660	**0.3657**	0.3950	0.3890	**0.2612**
LSPR-BM25	MAP	0.2689	0.2760	0.2625	0.2219	**0.2494**	0.3167	0.1638
	P@10	**0.4511**	0.4204	0.3198	0.4093	0.4420	0.4660	0.2153
	P@20	0.4000	0.3990	0.2759	0.3553	**0.3960**	0.3830	0.2061
DSPF-BM25 (Triangle)	MAP	0.2707	0.2834	**0.2667**	**0.2275**	0.2490	**0.3220**	0.1979
	↑BM25	-0.40%	-0.70%	+8.41%***	+0.75%	+1.72%	+2.58%***	-2.85%
	↑BM25+	-0.51%	-0.87%	+8.19%***	+0.44%	+1.51%	+2.42%***	-2.80%
	↑LSPR-BM25	+0.67%	+2.68%	+1.60%	+2.52%	-0.16%	+1.67%	+20.82%***
	P@10	0.4404	0.4306	**0.3284**	**0.4313**	0.4620	0.4800	0.3010
	↑BM25	-1.43%	+0.00%	+7.71%***	+1.89%	-1.28%	-0.41%	-3.93%
	↑BM25+	+0.00%	-1.40%	+7.25%***	+0.94%	-1.28%	+0.00%	-4.23%
	↑LSPR-BM25	-2.37%	+2.43%	+2.69%	+5.38%***	+4.52%	+3.00%	+39.80%***
	P@20	**0.4011**	**0.4031**	**0.2815**	0.3610	0.3900	**0.3940**	0.2531
	↑BM25	-0.79%	+0.77%	+6.55%***	-0.36%	-0.76%	+0.25%	-3.10%
	↑BM25+	-0.79%	+1.03%	+5.83%***	-1.29%	-1.27%	+1.29%	-3.10%
	↑LSPR-BM25	+0.27%	+1.03%	+2.03%	+1.60%	-1.52%	+2.87%	+22.80%***

表 4.7　结合 Epanechnikov 核函数的 DSPF-BM25 模型与基线模型的效果比较

模型	指标	AP90	AP88-89	FBIS	DISK45	TREC8	WT2G	WT10G
BM25	MAP	0.2718	0.2854	0.2460	0.2258	0.2448	0.3139	**0.2037**
	P@10	0.4468	0.4306	0.3049	0.4233	0.4680	**0.4820**	0.3133
	P@20	**0.4043**	**0.4000**	0.2642	0.3623	0.3930	0.3930	**0.2612**
BM25+	MAP	**0.2721**	**0.2859**	0.2465	**0.2265**	0.2453	0.3144	0.2036
	P@10	0.4404	**0.4367**	0.3062	0.4273	0.4680	0.4800	**0.3143**
	P@20	**0.4043**	0.3990	0.2660	**0.3657**	0.3950	0.3890	**0.2612**
LSPR-BM25	MAP	0.2689	0.2760	0.2625	0.2219	**0.2494**	0.3167	0.1638
	P@10	**0.4511**	0.4204	0.3198	0.4093	0.4420	0.4660	0.2153
	P@20	0.4000	0.3990	**0.2759**	0.3553	**0.3960**	0.3830	0.2061
DSPF-BM25 (Epanechnikov)	MAP	0.2695	0.2817	**0.2646**	0.2240	0.2445	**0.3206**	0.1949
	↑BM25	−0.85%	−1.30%	+7.56%***	−0.80%	−0.12%	+2.13%***	−4.32%
	↑BM25+	−0.96%	−1.47%	+7.34%***	−1.10%	−0.33%	+1.97%	−4.27%
	↑LSPR-BM25	+0.22%	+2.07%	+0.80%	+0.95%	−1.96%	+1.23%	+18.99%***
	P@10	0.4383	0.4265	**0.3296**	**0.4293**	**0.4720**	0.4800	0.2980
	↑BM25	−1.90%	−0.95%	+8.10%***	+1.42%	+0.85%	−0.41%	−4.88%
	↑BM25+	−0.48%	−2.34%	+7.64%***	+0.47%	+0.85%	+0.00%	−5.19%
	↑LSPR-BM25	−2.84%	+1.45%	+3.06%	+4.89%***	+6.79%***	+3.00%	+38.41%***
	P@20	0.3957	0.3990	0.2741	0.3577	0.3910	**0.3970**	0.2536
	↑BM25	−2.13%	−0.25%	+3.75%	−1.27%	−0.51%	+1.02%	−2.91%
	↑BM25+	−2.13%	+0.0%	+3.05%	−2.19%	−1.01%	+2.06%	−2.91%
	↑LSPR-BM25	−1.08%	+0.0%	−0.65%	+0.68%	−1.26%	+3.66%***	+23.05%***

表 4.8　结合 Circle 核函数的 DSPF-BM25 模型与基线模型的效果比较

模型	指标	AP90	AP88-89	FBIS	DISK45	TREC8	WT2G	WT10G
BM25	MAP	0.2718	0.2854	0.2460	0.2258	0.2448	0.3139	**0.2037**
	P@10	0.4468	0.4306	0.3049	0.4233	**0.4680**	**0.4820**	0.3133
	P@20	**0.4043**	**0.4000**	0.2642	0.3623	0.3930	0.3930	**0.2612**
BM25+	MAP	**0.2721**	**0.2859**	0.2465	**0.2265**	0.2453	0.3144	0.2036
	P@10	0.4404	**0.4367**	0.3062	0.4273	**0.4680**	0.4800	**0.3143**
	P@20	**0.4043**	0.3990	0.2660	**0.3657**	0.3950	0.3890	**0.2612**
LSPR-BM25	MAP	0.2689	0.2760	**0.2625**	0.2219	**0.2494**	**0.3167**	0.1638
	P@10	**0.4511**	0.4204	0.3198	0.4093	0.4420	0.4660	0.2153
	P@20	0.4000	0.3990	**0.2759**	0.3553	0.3960	0.3830	0.2061
DSPF-BM25（Circle)	MAP	0.2679	0.2815	0.2448	0.2204	0.2420	0.3155	0.1956
	↑BM25	-1.43%	-1.37%	-0.49%	-2.39%	-1.14%	+0.51%	-3.98%
	↑BM25+	-1.54%	-1.54%	-0.69%	-2.69%	-1.35%	+0.35%	-3.93%
	↑LSPR-BM25	-0.37%	+1.99%	-6.74%	-0.68%	-2.97%	-0.39%	+19.41%***
	P@10	0.4489	0.4245	**0.3247**	**0.4320**	**0.4680**	0.4680	0.2980
	↑BM25	+0.47%	-1.42%	+6.49%	+2.06%	+0.0%	-2.90%	-4.88%
	↑BM25+	+1.93%	-2.79%	+6.04%	+1.10%	+0.0%	-2.50%	-5.19%
	↑LSPR-BM25	-0.49%	+0.98%	+1.53%	+5.55%***	+5.88%	+0.43%	+38.41%***
	P@20	0.3947	**0.4000**	0.2630	0.3590	**0.3990**	**0.3950**	0.2515
	↑BM25	-2.37%	+0.0%	-0.45%	-0.91%	+1.53%	+0.51%	-3.71%
	↑BM25+	-2.37%	+0.25%	-1.13%	-1.83%	+1.01%	+1.54%	-3.71%
	↑LSPR-BM25	-1.33%	+0.25%	-4.68%	+1.04%***	+0.76%	+3.1%***	+22.03%***

首先，以 MAP 作为模型效果参照指标讨论模型 DSPF-BM25 与其基线模型的效果对比。模型 DSPR-BM25 结合 Gaussian 与 Cosine 核函数情形下，效果在所有数据集上均优于 BM25、BM25+ 与当前最佳基于 DSP 理论的检索模型 LSPR-BM25。通过统计显著性检定，我们看到在将近一半的情形下，模型是显著优于这 3 个基线模型的。其次，当 DSPR-BM25 结合 Quartic 核函数时，模型在大多数数据集上效果优于 BM25、BM25+，同时在所有数据集上均优于 LSPR-BM25。通过统计显著性检定，我们看到在将近一半的情形下，模型是显著优于这 3 个基线模型的。再次，当 DSPR-BM25 结合 Triweight 核函数时，模型在大多数数据集上效果优于 BM25、BM25+，同时在所有数据集上均优于 LSPR-BM25。DSPR-BM25 结合 Triangle 核函数时，模型在大多数数据集上效果优于 BM25、BM25+ 与 LSPR-BM25。最后，当 DSPR-BM25 结合 Epanechnikov 核函数时，模型仅在少数数据集上效果优于 BM25、BM25+，同时在大多数数据集上优于 LSPR-BM25。当 DSPF-BM25 结合 Circle 核函数时，模型仅在少数数据集上超越 BM25、BM25 + 与 LSPR-BM25。

此外，再以 P@k（P@ 10 与 P@ 20）作为模型效果参照指标，讨论 DSPF-BM25 与其基线模型的效果对比。当以 P@ 10 与 P@ 20 作为模型效果参照指标时，总体而言，DSPF-BM25 依然在结合 Gaussian 与 Cosine 核函数时效果最佳。首先观察 DSPF-BM25 与 BM25、BM25+ 的效果比照。当模型结合 Gaussian 与 Cosine 核函数时，在大多数情形下，DPSF-BM25 效果优于 BM25、BM25+。在模型结合 Quartic 与 Triweight 核函数时，其效果与 BM25、BM25+ 相当。在模型结合 Quartic 核函数时，模型效果与 BM25、BM25 + 相当。在模型结合 Triweight、Triangle、Epanechnikov 以及 Circle 核函数时，模型效果仅在少数情况下优于 BM25、BM25+。我们再观察 DSPF-BM25 与 LSPR-BM25 的效果比照。当模型结合 Gaussian 和 Cosine 核函数时，DSPF-BM25 在绝大多数情形下超越 LSPR-BM25，特别当以 P@ 10 为参考指标时，结合 Gaussian 核函数的 DSPF-BM25 效果在所有数据集上均超越 LSPR-BM25。在以 P@ 20 为参考指标时，结合 Cosine 核函数的 DSPF-BM25 效果在所有数据集上超越 LSPR-BM25。此外，当 DSPF-BM25 集合其他核函数时（Quartic、Triweight、Triweight、Triangle、Epanechnikov、Circle），其效果均在绝大多数情况下超越 LSPR-BM25。

需要特别指出的是，在 WT10G 数据集(本次实验中用到的最大数据集)上，本书所提出的模型 DSPF-BM25 无论结合何种核函数，无论以任何一种参考指标，相对于当前最佳基于 DSP 理论的信息检索模型 LSPR-BM25 均有大约 20% 至 40% 的效果提升。并且，LSPR-BM25 模型存在着在不同数据集中效果不稳定的情况，而从现有实验结果来看，DSPF-BM25 与 BM25 模型一样，在不同数据集上表现稳定。

4.2.4 参数敏感性检验

模型 DSPF-BM25 中包含两个超参数，即控制频谱宽度的 σ 以及控制滤波器宽度的 s。本研究通过人工调节两参数的值来优化模型的效果。通过实验结果可以发现，在每个数据集上模型取得最佳效果的参数取值均不尽相同。本节将分别测试两参数取值对于模型效果的影响，以探知模型在不同数据集上获得普遍较好效果时两参数的取值区间，并推荐参数的取值区间，保证模型在未知数据集上亦可获得较好效果。

当孤立研究信号频谱宽度控制参数 σ 的取值变动对模型效果影响时，将固定滤波器宽度参数 s 的值取为 35。当孤立研究滤波器宽度参数 s 的变动对模型效果影响时，将固定信号频谱宽度控制参数 σ 的值取为 10^*(注：由于我们在实验中采用了 7 种核函数，Circle 核函数 σ 取值范围为 1000 至 15000，间隔 1000；而其余核函数取值 σ 变动范围为 100 至 1500，间隔 100。为了将模型结合各个核函数时模型的效果变动规律在同一图表中给予体现，我们采用了"n^*"代表 σ 取值，即第 n 个取值点对应的值，例如在 Circle 核函数中，1^* 代表 1000，15^* 代表 15000，而在其余核函数中，1^* 代表 100，15^* 代表 1500)。图 4.2 与图 4.3 分别表明了两参数变动对模型效果产生的影响。

通过图 4.2 可以发现，σ 的取值变动对模型在各个数据集上的效果影响变动趋势较为类似。现依据参数 σ 的取值变动进行讨论。在参数 σ 的取值位于 1^* 至 5^* 范围内时，当模型结合 Gaussian 和 Cosine 核函数时，效果较为稳定；当模型结合其余核函数时，模型效果在该区间内伴随 σ 的取值增大而提升。在参数 σ 的取值位于 6^* 至 15^* 范围内时，模型结合各个核函数的效果均趋于稳定，尤其

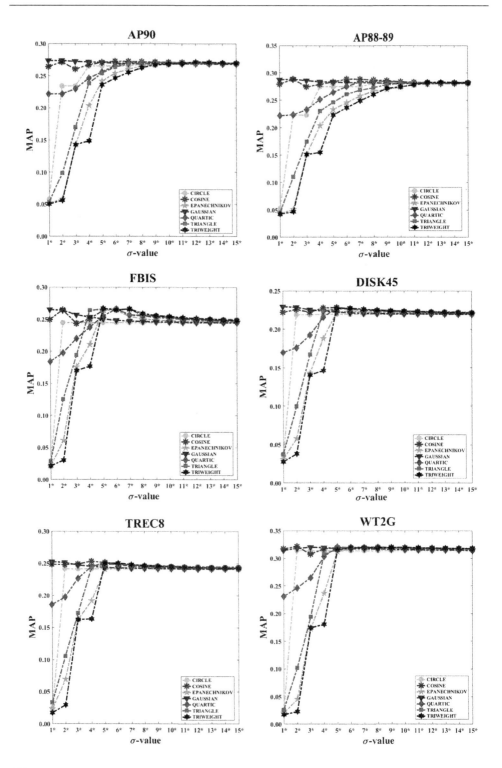

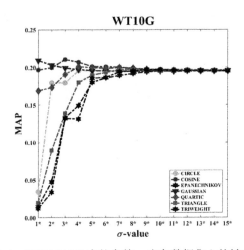

图 4.2 DSPF-BM25 中的参数 σ 在各数据集上的敏感性

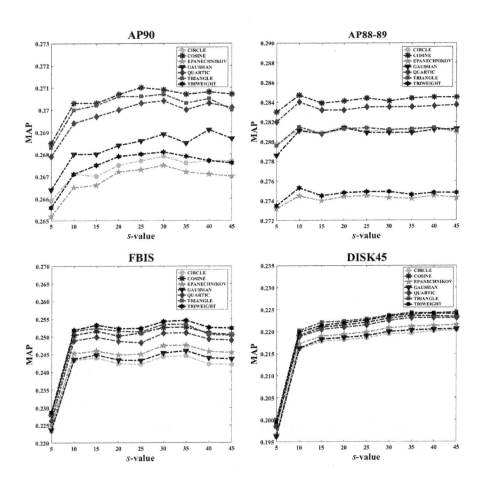

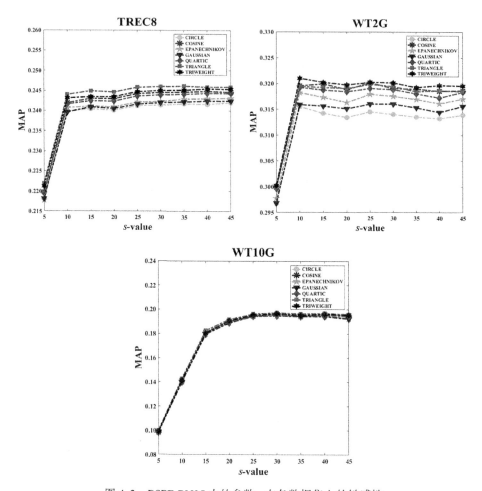

图 4.3　DSPF-BM25 中的参数 s 在各数据集上的敏感性

是在 9^* 至 15^* 区间内，模型效果非常稳定，并且在此区间内，模型结合各个核函数的效果均十分接近。需要指出的是，这仅可以说明在参数 s 的值固定为 35 且参数 σ 取值位于 9^* 至 15^* 区间内时，模型结合不同核函数的效果非常接近，不能归纳为该模型与任何一种核函数结合效果均无明显差异。总体而言，模型效果在参数 σ 的取值位于 1^* 至 9^* 区间内存在相对较大的波动，而在 9^* 后模型存在轻微的整体下降趋势，因此推荐 DSPF-BM25 的参数 σ 的取值区间为 9^* 至 10^*。由于前文中已经验证，DSPF-BM25 结合 Gaussian 核函数与 Cosine 核函数时效果相对较好，因此在这里单独针对结合这两个核函数的模型进行参数值区间推荐。DSPF-BM25 结合 Gaussian 核函数时，可见模型效果在各个数据集上均表现为伴随着 σ 的取值增加而整体缓慢下降的趋势，因此推荐 σ 的取值区间为 1^* 至 2^*（即 100 至 200）。而 DSPF-BM25 结合 Cosine 核函数时，推荐 σ 的取值区间为 3^* 至 6^*（即 300 至 600），因为该区间内，模型表现普遍较好且稳定。

由图 4.3 可知，在每个数据集内，无论模型结合何种核函数，其效果均伴随着 s 的取值变动表现出极其相似的变动规律。现依据参数 s 的取值区间进行讨论。在 s 取值范围为 5 至 15 时，结合任何一种核函数的模型其效果均伴随 s 取值的增加陡然增加。在 s 取值范围为 15 至 45 时，模型效果稳定。通过在同一数据集内比对不同曲线的效果变动趋势可以发现，结合不同核函数的 DSPF-BM25 在 s 的取值变动时，其模型效果变动规律均非常类似。综合所有数据集并结合不同核函数的模型表现，s 的取值将被推荐为 30 与 35 之间，因为模型在该区间内效果普遍较好并且稳定。

需要说明的是，在参数敏感性检验环节，图中曲线位置的高低不能被理解为不同核函数下模型效果的优劣，原因在于，为了便于研究，所有核函数均采用相同的参数设定（在讨论参数 s 的敏感性时，所有核函数的 σ 取值均被设置为 10^*），而这可能不是某些核函数的最优参数值，导致了结合某些核函数的模型在图中体现的效果不佳。以图 4.3 中 AP90 数据集为例，结合 Gaussian 核函数的模型，其效果仅位于第四位，然而在本实验测试结果中，当所有核函数均采用自己的最优参数值组合时，结合 Gaussian 核函数的模型在 AP90 数据集上表现最优。因此我们在分析参数敏感性图表时，仅讨论参数变动规律和推荐参数取值区间，不进行模型效果对比的讨论。

4.3 本章小结

本章主要介绍了我们所提出的模型 DSPF-BM25，它是将概率模型词项权重计算方法引入 DSPF 框架后提出的。通过实验发现，当查询词项被表示为不同形式的频谱时，模型查询准确率存在差异。当查询词项被表示为 Gaussian 与 Cosine 核函数形式的频谱时，无论以 MAP、P@10 还是 P@20 为参考指标，模型在所有实验数据集上查询准确率均较高。

第5章 基于 DSP 理论与统计语言模型词项权重计算的检索模型

与概率模型相同，统计语言模型同样为信息检索领域最重要的模型类别之一。本章尝试将第 3 章所提出的 DSPF 构架与统计语言模型权重计算方法进行结合，以检验 DSPF 框架与该类模型的融合效果。具体而言，本章将经典统计语言模型 DLM(Dirichlet Language Model)中的权重计算方法引入 DSPF，并提出了相应的模型 DSPF-DLM。

5.1 DSPF-DLM

DSPF-DLM 基于第 3 章中所提出的构架 DSPF，引入了迪利克雷语言模型(Dirichlet Language Model)的词项权重计算方法。同 DSPF-BM25 模型一样，DSPF-DLM 亦将查询表示为一系列频谱。在本节中，为使 DSPF-BM25 模型获取较理想的检索效果，必须找到查询词项较优的表示方式。我们尝试将查询词项表示为七种不同频谱形式(见图 3.1 至图 3.7)。这七种频谱分别被不同的包络线所包围，包络线对应的核函数为 Zhao 等在 2011 年提出的 CRTER 模型中选用的 7 种核函数[62]。这些核函数分别是 Gaussian、Triangle、Circle、Cosine、Quartic、Epanechnikov 以及 Triweight 核函数，与之对应的频谱表达式详见(3.1)式到(3.7)式。其通用表达式为：

$$\text{Kernel Function：}\quad y[n] = \sum_{i=1}^{|Q|} A_i \varphi(\sigma) \tag{5.1}$$

式中，$y[n]$ 表示查询，$|Q|$ 表示为查询中词项数量，i 为查询词的序号，$j \in (1, M)$，M 为给定查询所表示的信号组的谱线总数量，j 为整个频谱谱线的序号，频

谱频率间隔被设置为1Hz, f_i 为每个信号的中心频率，被设置为 $300i$, f_j 为频谱中各个谱线对应的频率，而各个频谱的宽度均由核函数中的超参数 σ 控制，该参数可根据各个背景语料人工调优。A_i 为每个查询词项对应的信号频谱的中心位置的高度。在 DSPF-DLM 中，我们采用 log 函数对经典语言模型 DLM 中词项在数据集中的权重表达式进行平滑，即 $A_i = \log \dfrac{cf(q_i)}{|C|}$，其中 $|C|$ 为背景语料中所有文本的长度之和，$cf(q_i)$ 为查询词项 q_i 在背景语料中出现的总次数。

在 DSPF-DLM 模型中，文本中的查询词项被表示为三角形式的带阻滤波器（见图 3.9）。在给定查询且查询词在文档中出现的情况下，文档内查询词所对应的滤波器将被建立，该滤波器中心位置与频谱的中心位置完全吻合，以实现过滤（见图 3.10）。如前文所述，该滤波器图形具有轴对称性，它的每侧翼的宽度被称为它的宽度（ amplitude_i ），该幅度的值被设置为：

$$\text{amplitude}_i = s \cdot \log_2\left(1 + \frac{P(q_i \mid D)}{P(q_i \mid C)}\right) \tag{5.2}$$

式中，i 为查询词项在查询中的序号，s 为超参数，用于调节滤波器的宽度；$P(q_i \mid C) = \log \dfrac{cf(q_i)}{|C|}$，该部分是用于推断查询词项在整个数据集中的权重，其中 $|C|$ 为背景语料中所有文本的长度之和，$cf(q_i)$ 为查询词项 q_i 在背景语料中出现的总次数；$P(q_i \mid D) = \dfrac{tf(q_i,\ D) + \mu \dfrac{cf(q_i)}{|C|}}{|D| + \mu}$，该部分是用于推断文档中生成查询词项的概率，$tf(q_i,\ D)$ 是查询词项 q_i 在文章 D 中出现的次数，D 表示某一文档，$|D|$ 表示文档内词项总数，除了考虑查询词项在文档中出现的频率外，该式同样引入了查询词项在数据集中的权重，即 $\dfrac{cf(q_i)}{|C|}$，μ 是迪利克雷平滑系数，用于调节查询词项在文档中的权重以及整个数据集中权重的比例关系。

与 DSPF-BM25 相同，DSPF-DLM 模型将查询过程表示为滤波过程，待查询词所表示的信号被转化为频谱后，开始被滤波器过滤。在频域中的计算方式为每个对应的频率点的乘积，每个滤波器对信号进行过滤的结果如图 3.11 所示。随后，在所有查询词所对应的频谱被遍历且所有数据集中的文档被遍历后，文档被按照其对于信号的过滤多少进行排序。剩余的频谱总能量越少，则文档排名越靠前，反之则靠后，因为该文档对应的滤波器组具备对信号组更强的过滤能力，即反映出文档与给定查询之间更可能存在相关性。

5.2　模型效果检验

5.2.1　实验设置

为验证 DSPF-DLM 的有效性，我们将在 AP90、AP88-89、FBIS、DISK45、TREC8、WT2G、WT10G 七个数据集上对模型效果进行测试。这些数据集在大小与文本题材类型上均存在着差别[96][97]，因此可更好地测试我们所提出的模型的广泛适用性。AP90 是美联社（Association Press）于 1990 年刊发的新闻数据集，AP88-89 是美联社于 1988—1989 年刊发的新闻数据集。FBIS（Foreign Broadcast Information Service）为美国中央情报局科学技术总处所获取与翻译的海外新闻广播类文本数据集。DISK45 是一个广泛收录各种来源新闻的数据集，其来源包含《金融时报》（Financial Times）、《美联社新闻》（Association Press）、《华尔街日报》（Wall Street Journal）等，这些文章被认为是几乎没有噪声的高质量数据集。TREC8 与 DISK45 拥有完全相同的文本内容，但 TREC8 所对应的查询集与 DISK45 所对应的查询集不同。WT2G 是一个数据大小为 2G 的数据集，包含 247491 篇网络爬取的英文文档，该数据集被用于第 8 次文本检索大会（TREC8）。WT10G 是一个大小为 10G 的数据集，包含从网络上爬取的 1692096 篇中等长度英文文本的数据集，它被用于第 9 次与第 10 次文本检索大会（TREC9、TREC10），数据集相关详细信息见表 5.1。

表 5.1　数据集相关信息

数据集	文档数	大小	主题编号	主题数
AP90	78321	0.24GB	51-100	50
AP88-89	164597	0.49GB	51-100	50

续表

数据集	文档数	大小	主题编号	主题数
FBIS	130471	0.47Gb	351-450	100
DISK4&5	741856	2GB	51-200	150
TREC8	528155	1.85GB	301-450	150
WT2G	247491	2GB	401-450	50
WT10G	1692096	10GB	451-550	100

实验进行的第一步是对数据集中文本建立索引,在建立索引与查询过程中,删除数据集上没有对给定查询与文章进行相关判断的查询主题。随后,我们将使用 Porters English Stemmer 对所有数据集中词项进行词干化[98],并使用标准 InQuery 停用词表(包含 418 个停用词)对数据集文本进行去停用词操作[99]。每个主题包含三个主题域信息,包括题目(title)、查询描述(description),以及相应的叙述(narrative)。我们将仅仅使用题目进行查询,这样更加贴近模型在实际应用中的情形,因为用户仅会在搜索栏输入若干关键词。本书使用检索后返回的前 1000 篇文档的平均正确率 MAP,即 Precision@1000(P@1000)作为模型有效性的主要检验指标。它是美国信息检索领域权威专家组在逐篇进行文本与查询之间相关性判定后给出的二值相关性(相关或不相关)评价指标,也是美国 TREC 会议对信息检索模型效果进行评估的官方使用指标,与此类似的是 Precision@k(P@k),即用来评估排名前 k 位的文本与查询的相关度,本书中的 k 的值设置为 10 和 20,即用 Precision@10(P@10)以及 Precision@20(P@20)作为模型效果评价的指标。所有的统计显著性检验均采用威尔科克森符号秩检验(Wilcoxon matched-pairs)。

5.2.2 实验参数设置

为了验证我们所提出的模型 DSPF-DLM 的有效性,我们将选取两个基线模型(baseline models)与 DSPF-DLM 在相同的数据集中进行对比实验。由于我们所提出的 DSPF-DLM 引入了迪利克雷语言模型 DLM 的词项权重计算方法,且 DLM 也是当前统计语言模型中最有效的模型之一,因此我们选择 DLM 作为我们的基线模型，与 DSPF-DLM 进行检索准确率对比。

在 DLM 与 DSPF-DLM 中，μ 值均被设置为 1000，该参数值被认为可以使模型普遍获得较好结果[34]。在 DSPF-DLM 中，查询词项被表示为频谱，当频谱形式为 Gaussian、Cosine、Triangle、Quartic、Epanechnikov 以及 Triweight 等核函数图形时，宽度参数 σ 将由 100 调节至 1500，间隔为 100；当频谱形式为 Circle 核函数图形时，宽度参数 σ 将由 1000 调节至 15000，间隔为 1000。滤波器宽度调节参数 s 将由 5 调节至 45，间隔为 5。在参数调节过程中，本研究选用了粗粒度调参，即参数调节间隔较大，以检验模型对于参数调节粒度的依赖性，从而验证模型的普遍适用性。

5.2.3　实验结果分析

当以 MAP 为模型效果评价依据时，DSPF-DLM 在结合 7 种核函数的情形下与基线模型 DLM 的效果比较如图 5.1 所示。图中所有模型结果均为基于实验预设中的给定参数下的最佳结果。由图可知，模型 DSPF-BM25 在结合不同的核函数时表现出了不同的检索效果。当 DSPF-DLM 结合 Gaussian 或 Cosine 核函数时，其效果相对比较好且较为稳定。其次，通过与 DLM 模型效果的对比，可以看到 DSPF-DLM 与 Gaussian、Cosine、Epanechnikov、Triangle 核函数结合时，在大多数数据集上效果均优于 DLM。当 DSPF-DLM 结合 Quartic 与 Triweight 核函数时，在半数以上的数据集上，其效果优于 DLM。当 DSPF-DLM 与 Circle 核函数结合时，DSPF-DLM 仅在较少的数据集上效果优于 DLM。综上所述，DSPF-BM25 结合 Gaussian 与 Cosine 核函数效果较好。

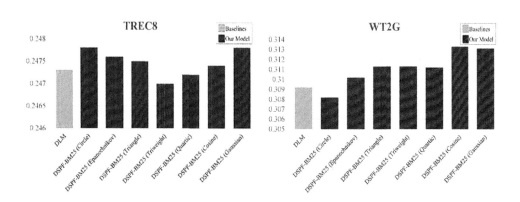

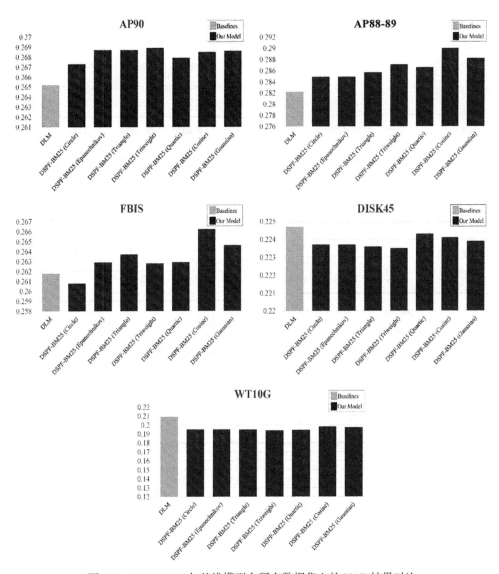

图 5.1　DSPF-DLM 与基线模型在所有数据集上的 MAP 结果对比

其次，表 5.2 至表 5.8 为我们提出的 DSPF-DLM 与基线模型 DLM 的详细效果比较。表中所有模型结果均为基于实验预设中的给定参数下的最佳结果。由表可知，模型在结合不同核函数时的检索效果均不相同。综合而言，即在以 MAP、P@10、P@20 等作为模型效果参照指标的情况下，DSPR-DLM 结合 Gaussian 与 Cosine 核函数时效果最佳。

61

表 5.2　　结合 Gaussian 核函数的 DSPF-DLM 模型与基线模型的效果比较

模型＼指标＼数据集		AP90	AP88-89	FBIS	DISK45	TREC8	WT2G	WT10G
DLM	MAP	0.2652	0.2822	0.2618	**0.2247**	0.2473	0.3092	**0.2095**
	P@10	0.4255	0.4286	0.3185	**0.4040**	**0.4420**	0.4540	**0.3000**
	P@20	**0.3979**	0.4112	0.2593	**0.3547**	**0.3930**	**0.3920**	**0.2663**
DSPF-DLM（Gaussian）	MAP ↑DLM	**0.2686**	**0.2882**	**0.2646**	0.2239	**0.2478**	**0.3131**	0.1974
		+1.28%	+2.13%	+1.07%	−0.36%	+0.02%	+1.26%	−5.78%
	P@10 ↑DLM	**0.4404**	**0.4449**	**0.3259**	0.3980	0.4400	**0.4620**	0.2520
		+3.50% ***	+3.80%	+2.32%	−1.49%	−0.45%	+1.76%	−16.00%
	P@20 ↑DLM	0.3968	**0.4122**	**0.2617**	0.3470	0.3900	0.3850	0.2378
		−0.28%	+0.24%	+0.93%	−2.17%	−0.76%	−1.79%	−10.70%

表 5.3　　结合 Cosine 核函数的 DSPF-DLM 模型与基线模型的效果比较

模型＼指标＼数据集		AP90	AP88-89	FBIS	DISK45	TREC8	WT2G	WT10G
DLM	MAP	0.2652	0.2822	0.2618	**0.2247**	0.2473	0.3092	**0.2095**
	P@10	0.4255	0.4286	0.3185	**0.4040**	**0.4420**	0.4540	**0.3000**
	P@20	0.3979	**0.4112**	0.2593	**0.3547**	**0.3930**	**0.3920**	**0.2663**
DSPF-DLM（Cosine）	MAP ↑DLM	**0.2685**	**0.2900**	**0.2662**	0.2241	**0.2474**	**0.3133**	0.1983
		+1.24%	+2.76%	+1.68%	−0.27%	+0.04%	+1.33%	−5.35%
	P@10 ↑DLM	**0.4340**	**0.4408**	**0.3222**	0.3933	0.4340	**0.4620**	0.2531
		+2.00%	+2.85%	+1.16%	−2.65%	−1.81%	+1.76%	−15.63%
	P@20 ↑DLM	0.3915	0.4102	**0.2630**	0.3480	0.3890	0.3870	0.2332
		−1.61%	−0.24%	+1.43%	−1.89%	−1.02%	−1.28%	−12.43%

表5.4　结合 **Quartic** 核函数的 **DSPF-DLM** 模型与基线模型的效果比较

模型	指标	数据集 AP90	AP88-89	FBIS	DISK45	TREC8	WT2G	WT10G
DLM	MAP	0.2652	0.2822	0.2618	**0.2247**	**0.2473**	0.3092	**0.2095**
	P@10	0.4255	0.4286	0.3185	**0.4040**	**0.4420**	0.4540	**0.3000**
	P@20	**0.3979**	**0.4112**	0.2593	**0.3547**	**0.3930**	**0.3920**	**0.2663**
DSPF-DLM (Quartic)	MAP ↑DLM	**0.2679**	**0.2866**	**0.2629**	0.2243	0.2472	**0.3112**	0.1946
		+1.02%	+1.56%***	+0.42%	−0.18%	−0.04%	+0.65%	−7.11%
	P@10 ↑DLM	**0.4404**	**0.4429**	**0.3210**	0.3940	**0.4420**	**0.4560**	0.2551
		+3.50%	+3.34%	+0.78%	−2.48%	+0.00%	+0.44%	−14.97%
	P@20 ↑DLM	0.3968	0.4102	**0.2605**	0.3470	0.3870	0.3890	0.2357
		−0.28%	−0.24%	+0.46%	−2.17%	−1.53%	−0.77%	−11.49%

表5.5　结合 **Triweight** 核函数的 **DSPF-DLM** 模型与基线模型的效果比较

模型	指标	数据集 AP90	AP88-89	FBIS	DISK45	TREC8	WT2G	WT10G
DLM	MAP	0.2652	0.2822	0.2618	**0.2247**	**0.2473**	0.3092	**0.2095**
	P@10	0.4255	0.4286	**0.3185**	**0.4040**	**0.4420**	0.4540	0.3000
	P@20	**0.3979**	**0.4112**	0.2593	**0.3547**	**0.3930**	**0.3920**	**0.2663**
DSPF-DLM (Triweight)	MAP ↑DLM	**0.2689**	**0.2871**	**0.2628**	0.2235	0.2470	**0.3113**	0.1940
		+1.40%	+1.74%	+0.38%	−0.53%	−0.12%	+0.68%	−7.40%
	P@10 ↑DLM	**0.4404**	**0.4469**	**0.3185**	0.3993	0.4400	**0.4560**	0.2541
		+3.50%	+4.27%	+0.00%	−1.16%	−0.45%	+0.44%	−15.3%
	P@20 ↑DLM	**0.3979**	0.4102	**0.2623**	0.3480	0.3850	0.3890	0.2367
		+0.00%	−0.24%	+1.16%	−1.89%	−2.04%	−0.77%	−11.12%

表 5.6　结合 **Triangle** 核函数的 **DSPF-DLM** 模型与基线模型的效果比较

模型 \ 指标 \ 数据集		AP90	AP88-89	FBIS	DISK45	TREC8	WT2G	WT10G
DLM	MAP	0.2652	0.2822	0.2618	**0.2247**	0.2473	0.3092	**0.2095**
	P@10	0.4255	0.4286	**0.3185**	**0.4040**	**0.4420**	0.4540	0.3000
	P@20	0.3979	0.4112	0.2593	**0.3547**	**0.3930**	**0.3920**	**0.2663**
DSPF-DLM（Triangle）	MAP ↑DLM	**0.2687**	**0.2857**	**0.2637**	0.2236	**0.2475**	**0.3113**	0.1950
		+1.32%	+1.24%	+0.73%	−0.49%	+0.08%	+0.68%	−6.92%
	P@10 ↑DLM	**0.4383**	**0.4510**	**0.3185**	0.3973	0.4400	**0.4560**	0.2561
		+3.01%	+5.23%	+0.00%	−1.66%	−0.45%	+0.44%	−14.63%
	P@20 ↑DLM	**0.3989**	**0.4122**	**0.2611**	0.3497	0.3850	0.3910	0.2367
		+0.25%	+0.24%	+0.69%	−1.41%	−2.04%	−0.26%	−11.12%

表 5.7　结合 **Epanechnikov** 核函数的 **DSPF-DLM** 模型与基线模型的效果比较

模型 \ 指标 \ 数据集		AP90	AP88-89	FBIS	DISK45	TREC8	WT2G	WT10G
DLM	MAP	0.2652	0.2822	0.2618	**0.2247**	0.2473	0.3092	**0.2095**
	P@10	0.4255	0.4286	0.3185	**0.4040**	**0.4420**	0.4540	**0.3000**
	P@20	0.3979	**0.4112**	0.2593	**0.3547**	**0.3930**	**0.3920**	**0.2663**
DSPF-DLM（Epanechnikov）	MAP ↑DLM	**0.2687**	**0.2849**	**0.2629**	0.2237	**0.2476**	**0.3102**	0.1952
		+1.32%	+0.96%	+0.42%	−0.45%	+0.12%	+0.32%	−6.83%
	P@10 ↑DLM	**0.4404**	**0.4449**	0.3160	0.4000	**0.4420**	**0.4560**	0.2592
		+3.50%	+3.80%	−0.78%	−0.99%	+0.0%	+0.44%	−13.6%
	P@20 ↑DLM	**0.3989**	0.4082	**0.2630**	0.3487	0.3910	0.3880	0.2372
		+0.25%	−0.73%	+1.43%	−1.69%	−0.51%	−1.02%	−10.93%

表 5.8   结合 Circle 核函数的 DSPF-DLM 模型与基线模型的效果比较

模型 \ 指标 \ 数据集		AP90	AP88-89	FBIS	DISK45	TREC8	WT2G	WT10G
DLM	MAP	0.2652	0.2822	**0.2618**	**0.2247**	0.2473	**0.3092**	**0.2095**
	P@10	0.4255	0.4286	**0.3185**	**0.4040**	**0.4420**	**0.4540**	**0.3000**
	P@20	0.3979	**0.4112**	**0.2593**	**0.3547**	**0.3930**	**0.3920**	**0.2663**
DSPF-DLM （Circle）	MAP ↑DLM	**0.2673**	**0.2849**	0.2608	0.2237	**0.2478**	0.3082	0.1953
		+0.79%	+0.96%	-0.38%	-0.45%	+0.20%	-0.32%	-6.78%
	P@10 ↑DLM	**0.4340**	**0.4367**	0.3160	0.3967	0.4400	0.4480	0.2551
		+2.00%	+1.89%	-0.78%	-1.81%	-0.45%	-1.32%	-14.97%
	P@20 ↑DLM	**0.4000**	0.4092	0.2580	0.3497	0.3910	0.3860	0.2352
		+0.53%	-0.49%	-0.50%	-1.41%	-0.51%	-1.53%	-11.68%

首先，以 MAP 作为模型效果参照指标讨论模型 DSPF-DLM 与其基线模型 DLM 的效果差异。模型 DSPR-DLM 在结合 Gaussian、Cosine、Triangle 与 Epanechnikov 核函数情形下，在大多数据集上效果均优于 DLM。在上述核函数中，模型与 Gaussian 与 Cosine 核函数结合时效果最佳，其中与 Cosine 核函数结合时，相对于基线模型而言，效果提升最为明显。当 DSPF-DLM 与 Quartic 与 Triweight 核函数结合时，其效果在多于半数的情况下优于 DLM。当 DSPF-DLM 与 Circle 核函数结合时，DSPF-DLM 仅在较少的数据集上优于 DLM。

此外再以 P@k（P@10 与 P@20）作为模型效果参照指标，进行 DSPF-DLM 与其基线模型 DLM 的效果对比。总体而言，DSPR-DLM 与 DLM 在以 P@k 作为评价依据时效果相当。二者主要区别在于，DSPR-DLM 在返回前 10 篇文档时准确率更高，而 DLM 在返回前 20 篇文档时准确率更高。具体而言，DSPF-DLM 在与 Gaussian、Triangle、Epanechnikov、Quartic、Triweight 结合时效果与 DLM 相当；而在与 Cosine 结合时，效果略逊于 DLM；在与 Circle 结合时，效果逊于 DLM。

5.2.4 参数敏感性检验

模型 DSPF-DLM 中包含两个超参数，即控制频谱宽度的 σ 以及控制滤波器宽

度的 s。本研究通过在不同数据集上人工调整两参数的值来提升模型检索准确率。在不同数据集上模型取得最佳效果时所对应的参数取值均不尽相同。本节将分别分析两参数取值对于模型效果的影响，以探知模型在不同数据集上获得普遍较好效果时两参数的取值区间，并推荐参数的取值区间，保证模型在未知数据集上亦可获得较好效果。

在本研究中，当孤立研究信号频谱宽度控制参数 σ 的取值变动对模型效果影响时，将固定滤波器宽度参数 s 的值取为 16。当孤立研究滤波器宽度参数 s 的变动对模型效果影响时，将固定信号频谱宽度控制参数 σ 的值取为 10^*（注：由于我们在实验中采用了 7 种核函数，Circle 核函数 σ 取值范围为 1000 至 15000，间隔 1000；而其余核函数取值 σ 变动范围为 100 至 1500，间隔 100。为了将模型结合各个核函数时模型的效果变动规律在同一图表中得以体现，我们采用了 "n^*" 代表 σ 取值，即第 n 个取值点对应的值，例如在 Circle 核函数中，1^* 代表 1000，15^* 代表 15000，而在其余核函数中，1^* 代表 100，15^* 代表 1500）。图 5.2 与图 5.3 分别表明了两参数变动对模型效果产生的影响。

通过图 5.2 我们发现，σ 的取值变动对模型在各个数据集上的效果影响较为类似。现依据参数 σ 的取值区间进行讨论。在参数 σ 的取值位于 1^* 至 5^* 范围内时且结合 Gaussian 和 Cosine 核函数时，模型效果较为稳定，而结合其余核函数其效果则伴随 σ 取值增大而提升。在参数 σ 的取值位于 6^* 至 15^* 范围内时，模型结合各个核函数的效果均趋于稳定，尤其是在 9^* 至 15^* 区间内，模型效果十分稳定，并且在此区间内，模型结合各个核函数时的效果均十分接近。需要指出的是，这仅可以说明在参数 s 的值固定为 16 且参数 σ 取值位于 9^* 至 15^* 区间内时，模型结合不同核函数的效果非常接近，不能归纳为该模型与任何一种核函数结合效果均无明显差异。总体而言，模型效果在参数 σ 的取值位于 1^* 至 9^* 区间内时存在相对明显的波动，而在其取值大于 9^* 时模型效果稳定。因此推荐 DSPF-DLM 的参数 σ 的取值区间为 9^* 至 15^*。由于本实验验证了 DSPF-DLM 结合 Gaussian 核函数与 Cosine 核函数时效果相对较好，且 DSPF-DLM 在与这两个核函数集合时，表现出了与其他核函数结合时不同的规律，因此在这里单独针对结合这两个核函数的模型进行参数值取值区间推荐。当 DSPF-DLM 结合 Gaussian 核函数时，在绝大多数数据集上，伴随着 σ 取值的增加，模型效果不存在明显变化；但在

WT10G 数据集上，模型效果伴随 σ 的取值增加而缓慢下降，因此仍然推荐 σ 的取值区间为 1^{*} 至 2^{*}（即 100 至 200）。而 DSPF-DLM 结合 Cosine 核函数时，模型效果普遍在 σ 的取值区间为 1^{*} 至 5^{*} 时存在波动，而取值大于 5^{*} 时趋于稳定，考虑到 DSPF-DLM 在 WT10G 数据集上效果伴随 σ 取值增大而缓慢下降，因此推荐 σ 的取值区间为 5^{*} 至 6^{*}。此外，通过对比参数 σ 的取值对于 DSPF-BM25 与 DSPF-DLM 模型分别造成的影响，可以发现，在任何数据集上，无论模型结合何种核函数，σ 的取值变动对二者效果的影响极其相似。

由图 5.3 可知，在每个数据集内，模型 DSPF-DLM 结合不同核函数时其效果伴随着 s 的取值变动均表现出极其相似的变动规律。现依据参数 s 的取值区间进行讨论。在 s 取值由 2 变动到 10 时，在大多数数据集上，无论模型结合何种核函数，其效果均伴随 s 取值的增加陡然增加。在 s 取值由 10 变动至 18 时，模型效果相对稳定。通过在同一数据集内比对不同曲线可以发现，结合不同核函数的 DSPF-DLM 在 s 的取值变动时，其模型效果变动规律非常类似。综合所有数据集上结合不同核函数时的模型 DSPF-DLM 的表现，s 的取值将被推荐为 14 与 16 之间，因为模型在该区间内效果普遍较好并且稳定。

需要说明的是，在参数敏感性检验环节，不能以图中曲线位置的高低为依据，判定结合不同核函数时模型效果的优劣。

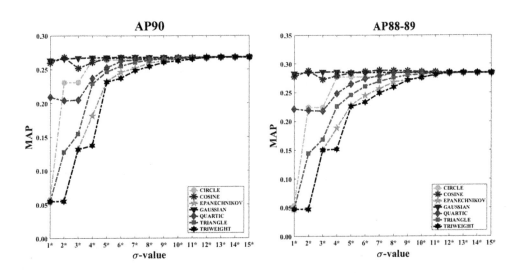

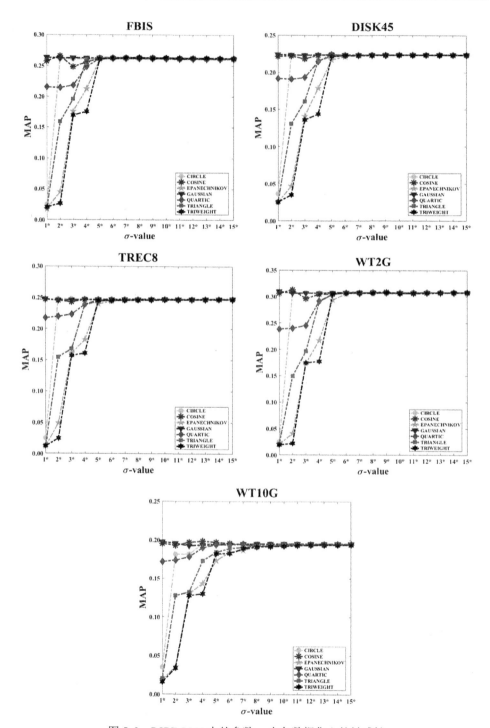

图 5.2　DSPF-DLM 中的参数 σ 在各数据集上的敏感性

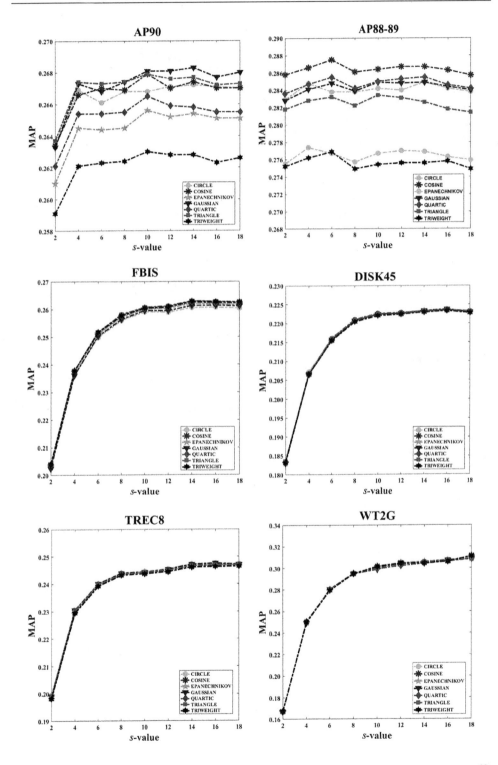

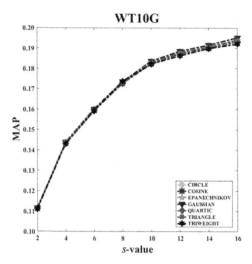

图 5.3   DSPF-DLM 中的参数 s 在各数据集上的敏感性

5.3   本章小结

本章主要介绍了我们所提出的模型 DSPF-DLM，它是将统计语言模型词项权重计算方法引入 DSPF 框架后提出的。通过实验发现，当查询词项被表示为不同形式的频谱时，模型查询准确率存在差异。当查询词项被表示为 Gaussian 与 Cosine 核函数形式的频谱时，无论以 MAP、P@ 10 还是 P@ 20 为参考指标，模型在所有实验数据集上查询准确率均较高。

第6章　基于 DSP 理论与向量空间模型
词项权重计算的检索模型

向量空间模型为信息检索领域被关注最多且最具影响力的模型类别之一。本章尝试将第 3 章所提出的 DSPF 构架与该类模型权重计算方法进行结合，以检验 DSPF 框架与该类模型的融合效果。具体而言，本研究基于第 3 章所提出的模型构架 DSPF，引入了 Paik 于 2013 年提出的经典向量空间模型 MATF 的权重计算方式[52]，进而提出相应的模型 DSPF-MATF，并与基线模型在若干数据集上进行对比实验，以验证其有效性。

6.1　DSPF-MATF

DSPF-MATF 是基于 DSPF 构架，结合 MATF 词项权重计算方法的检索模型。DSPF-MATF 同样将查询直接表示为一系列频谱。在本节中，为使 DSPF-MATF 模型获取较理想的检索效果，必须找到查询词项较优的表示方式。我们尝试将查询词项表示为七种不同频谱形式(见图 3.1 至图 3.7)。这七种频谱分别被不同的包络线包围，包络线对应的核函数为 Zhao 等在 2011 年提出的 CRTER 模型中选用的 7 种核函数[62]。这些核函数分别是 Gaussian、Triangle、Circle、Cosine、Quartic、Epanechnikov 以及 Triweight 核函数，与之对应的频谱表达式详见(3.1)式到(3.7)式。其通用表达式为：

$$\text{Kernel Function：} \quad y[n] = \sum_{i=1}^{|Q|} A_i \varphi(\sigma) \tag{6.1}$$

(6.1)式中，$y[n]$ 表示查询，$|Q|$ 表示为查询中词项数量，i 为查询词的序号，$j \in (1, M)$，M 为给定查询所表示的信号组的谱线总数量，j 为整个频谱谱线的序

号，频谱频率间隔被设置为 1Hz，f_i 为每个信号的中心频率，被设置为 300i，f_j 为频谱中各个谱线对应的频率，而各个频谱的宽度均由核函数中的超参数 σ 控制，该参数可根据各个背景语料人工调优。A_i 为每个查询词项对应的信号频谱的中心位置的高度，DSPF-MATF 采用经典向量空间模型 MATF 对词项在整个背景语料中权重的计算方式，即：

$$A_i = \frac{\mathrm{cf}(t)/n(t)}{1 + \mathrm{cf}(t)/n(t)} \cdot \log \frac{N + 1}{n(t)} \tag{6.2}$$

(6.2)式中，$\mathrm{cf}(t)$ 为词项 t 在整个背景语料中出现的频率，$n(t)$ 为背景语料中包含查询词 t 的文档数量。N 为背景语料中包含文档的总篇数。在 DSPF-MATF 模型中，文本中的查询词被表示为三角形式的带阻滤波器(见图 3.9)。在给定查询且查询词在文档中出现的情况下，文档内查询词所对应的滤波器将被建立，该滤波器中心位置与频谱的中心位置完全吻合，以实现过滤(见图 3.10)。如前文所述，该滤波器图形具有轴对称性，它的每侧翼的宽度被称为它的宽度(amplitude$_i$)，该幅度的值被设置为：

$$\mathrm{amplitude}_i = s\left(\gamma \cdot \frac{\mathrm{RITF}(q_i,\ d)}{1 + \mathrm{RITF}(q_i,\ d)} + (1 - \gamma) \cdot \frac{\mathrm{LRTF}(q_i,\ d)}{1 + \mathrm{LRTF}(q_i,\ d)} \cdot \mathrm{TDF}(q_i)\right)$$
$$\tag{6.3}$$

(6.3)式中，s 为超参数，用于调节滤波器的宽度，i 为查询词项在查询中的序号，LRTF 为 MATF 中文本长度正则化词项频率(Length Regularized Term Frequency)，其表达式为：

$$\mathrm{LRTF}(t,\ d) = \mathrm{tf}(t,\ d) \cdot \log_2\left(1 + \frac{\mathrm{avdl}}{\mathrm{dl}}\right) \tag{6.4}$$

(6.4)式中，$\mathrm{tf}(t,\ d)$ 为查询词项 t 在文档 d 内的出现频率，dl 为当前文档的长度，avdl 为背景语料内所有文档的平均长度。RITF 为 MATF 中文档内相对词项频率(Relative Intra-document Term Frequency)，表达式为：

$$\mathrm{RITF}(t,\ d) = \frac{\log_2(1 + \mathrm{tf}(t,\ d))}{\log_2(1 + \mathrm{avgtf}(d))} \tag{6.5}$$

(6.5)式中，$\mathrm{tf}(t,\ d)$ 为查询词项 t 在文档 d 内的出现频率，$\mathrm{avgtf}(d)$ 为当前文档中包含所有词项的平均出现频率。TDF(Term Discrimination Factor)为查询词项在

背景语料中的权重：

$$\text{TDF}(t) = \frac{\text{cf}(t)/n(t)}{1 + \text{cf}(t)/n(t)} \cdot \log \frac{N+1}{n(t)} \tag{6.6}$$

(6.6)式中，cf(t)为词项 t 在整个背景语料中出现的频率，$n(t)$ 为背景语料中包含查询词 t 的数量。N 为背景语料中包含文档的总篇数。

　　DSPF-MATF 模型将查询过程表示为滤波过程，待查询词所表示的信号被转化为频谱后，则开始被滤波器过滤。在频域中的计算方式为每个对应的频率点的乘积，每个滤波器对信号进行过滤的结果如图 3.11 所示。随后，在所有查询词所对应的频谱被遍历且所有数据集中的文档被遍历后，文档被按照其对于信号的过滤多少进行排序。剩余的频谱总能量越少，则文档排名越靠前，反之则靠后，因为该文档对应的滤波器组具备对信号组更强的过滤能力，即反映出文档与给定查询之间更可能存在相关性。

6.2　模型效果检验

6.2.1　实验设置

　　为了验证模型 DSPF-MATF 的有效性，本研究将在 AP90、AP88-89、FBIS、DISK45、TREC8、WT2G、WT10G 七个数据集上对模型效果进行测试。这些数据集在大小与文本题材类型上均存在着差别[96][97]，因此可更好地测试我们所提出的模型的广泛适用性。AP90 是美联社（Association Press）于 1990 年刊发的新闻数据集，AP88-89 是美联社于 1988—1989 年刊发的新闻数据集。FBIS（Foreign Broadcast Information Service）为美国中央情报局科学技术总处所获取与翻译的海外新闻广播类文本数据集。DISK45 是一个广泛收录各种来源新闻的数据集，其来源包含《金融时报》（*Financial Times*）、《美联社新闻》（*Association Press*）、《华尔街日报》（*Wall Street Journal*）等，这些文章被认为是几乎没有噪声的高质量数据集。TREC8 与 DISK45 拥有完全相同的文本内容，但 TREC8 所对应的查询集与 DISK45 所对应的查询集不同。WT2G 是一个数据大小为 2G 的数据集，包含 247491 篇网络爬取的英文文档。该数据集被用于第 8 次文本检索大会（TREC8）。

WT10G 是一个大小为 10G 的数据集，包含从网络上爬取的 1692096 篇中等长度英文文本的数据集，它被用于第 9 次与第 10 次文本检索大会（TREC9、TREC10），数据集相关详细信息见表 6.1。

表 6.1　　　　　　　　　　　　　　数据集相关信息

数据集	文档数	大小	主题编号	主题数
AP90	78321	0.24GB	51-100	50
AP88-89	164597	0.49GB	51-100	50
FBIS	130471	0.47Gb	351-450	100
DISK4&5	741856	2GB	51-200	150
TREC8	528155	1.85GB	301-450	150
WT2G	247491	2GB	401-450	50
WT10G	1692096	10GB	451-550	100

　　实验进行的第一步是对数据集中文本建立索引，在建立索引与查询过程中，删除数据集上没有对给定查询与文章进行相关判断的查询主题。随后，我们将使用 Porters English Stemmer 对所有数据集中词项进行词干化[98]，并使用标准 InQuery 停用词表（包含 418 个停用词）对数据集文本进行去停用词操作[99]。每个主题包含三个主题域信息，包括题目（title）、查询描述（description），以及相应的叙述（narrative）。我们将仅仅使用题目进行查询，这样更加贴近模型在实际应用中的情形，因为用户仅会在搜索栏输入若干关键词。本书使用检索后返回的前 1000 篇文档的平均正确率 MAP，即 Precision@1000（P@1000）作为模型有效性的主要检验指标。它是美国信息检索领域权威专家组在逐篇进行文本与查询之间相关性判定后给出的二值相关性（相关或不相关）评价指标，也是美国 TREC 会议在对信息检索模型效果进行评估的官方使用指标，与此类似的是 Precision@k（P@k），即用来评估排名前 k 位的文本与查询的相关度，本书中的 k 的值设置为 10 和 20，即用 Precision@10（P@10）以及 Precision@20（P@20）作为模型效果评

价的指标。所有的统计显著性检验均采用威尔科克森符号秩检验（Wilcoxon matched-pairs）。

6.2.2 实验参数设置

为了验证本章所提出的模型 DSPF-MATF 的有效性，本研究将选取 6 个基线模型（baseline models）与 DSPF-MATF 在相同的数据集中进行实验，通过实验结果比较验证所提出模型的有效性。首先选择 BM25 与 DLM 为本次实验的基线模型，因为它们分别是信息检索领域中概率模型与统计语言模型中最具代表性的模型之一。随后选择经典向量空间模型 MATF 为基线模型，因为本章所提出的模型 DSPF-MATF 中的词项权重计算方法引自该模型，并且 MATF 也是当前效果最佳的向量空间模型之一。此外，将现阶段效果最佳的基于数字信号处理的信息检索模型 LSPR-BM25 作为基线模型，并且将本书提出的 DSPF-BM25 与 DSPF-DLM 作为基线模型与 DSPF-MATF 进行对比，因为 DSPF-BM25、DSPF-DLM 与 DSPF-MATF 均基于同一类型的模型构架。本实验仅将 DSPF-BM25、DSPF-DLM 两模型与 Cosine 核函数进行结合作为基线模型，因为与 Cosine 核函数结合时两模型综合表现普遍较好。

模型 BM25、LSPR-BM25 以及 DSPF-BM25 中的参数 k_1、k_3 值分别被设置为 1.2 与 8，该组参数值设置由 BM25 提出者 Robertson 等推荐[100]。此外 b 值被设置为 0.35，该参数值被认为可以使模型普遍获得较好结果[101]。在 LSPR 模型中，滤波器的宽度参数 s 的值将被由 1 调节至 200，间隔为 1。在 DSPF-BM25（Cosine）与 DSPF-DLM（Cosine）中，信号频谱宽度参数 σ 将由 100 增加至 1500，间隔为 100；信号频谱形式采用 Circle 核函数形式时，宽度参数 σ 将由 1000 调节至 15000，间隔为 1000。在 DSPF-MATF 中，查询词项被表示为频谱，频谱形式将分别采用 Gaussian、Cosine、Triangle、Quartic、Epanechnikov 以及 Triweight 等核函数形式。DSPF-MATF 信号频谱宽度参数 σ 将由 100 调节至 1000，间隔为 100，滤波器宽度调节参数 s 将由 5 调节至 40，间隔为 5。在参数调节过程中，本研究选用了粗粒度调参，即参数调节间隔较大，以检验模型对于参数调节粒度的依赖性，从而验证模型的普遍适用性。

6.2.3　实验结果分析

当以 MAP 为模型效果评价依据时，DSPF-MATF 在结合 7 种不同核函数的情形下与基线模型 BM25、DLM、MATF、LSPR-BM25、DSPF-BM25 和 DSPF-DLM 效果比较如图 6.1 所示。图中所有模型结果均为基于实验预设中的给定参数下的最佳结果，由图可知，模型 DSPF-MATF 效果在结合不同的核函数时表现出了非常相似的结果。总体而言，DSPF-MATF 在各个数据集上效果良好且十分稳定。无论结合何种核函数，DSPF-MATF 的检索准确率几乎在任何数据集上均明显优于任何基线模型。具体而言，该模型在除 TREC8 以外的其他所有数据集上，无论结合何种核函数，其效果均优于所有基线模型。在 TREC8 数据集上，当 DSPF-MATF 与 Gaussian、Circle 以及 Epanechnikov 核函数结合时，效果优于所有基线模型；当 DSPF-MATF 结合 Quartic 核函数时，其效果在所有数据集上均优于除 MATF 以外的所有基线模型，并且在绝大多数数据集上效果优于 MATF，仅在 TREC8 数据集上与 MATF 效果相同。当 DSPF-MATF 与 Cosine、Triangle、Triweight 核函数结合时，其效果依然优于除 MATF 外的其他所有基线模型，并且在绝大多数数据集上效果优于 MATF，仅在 TREC8 数据集上其效果较 MATF 稍弱，但差距极小。因此，在以 MAP 为依据时，DSPF-MATF 与任何一种核函数结合时效果相当，与 Gaussian、Circle 以及 Epanechnikov 核函数结合时效果相对更好。

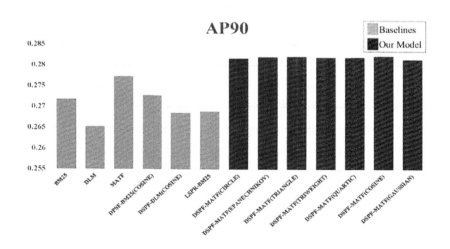

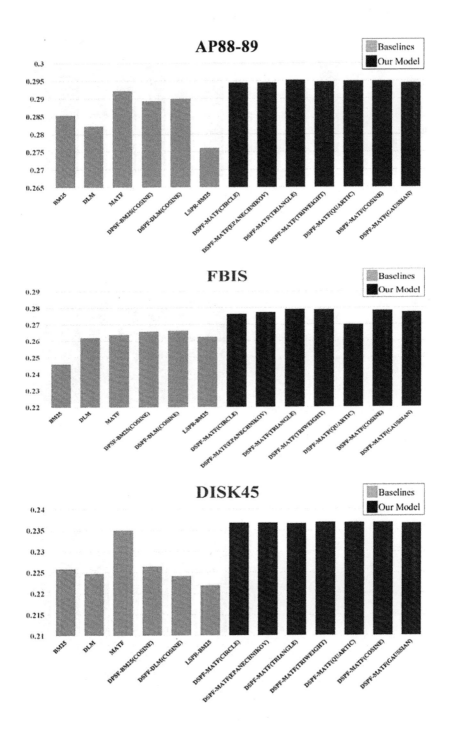

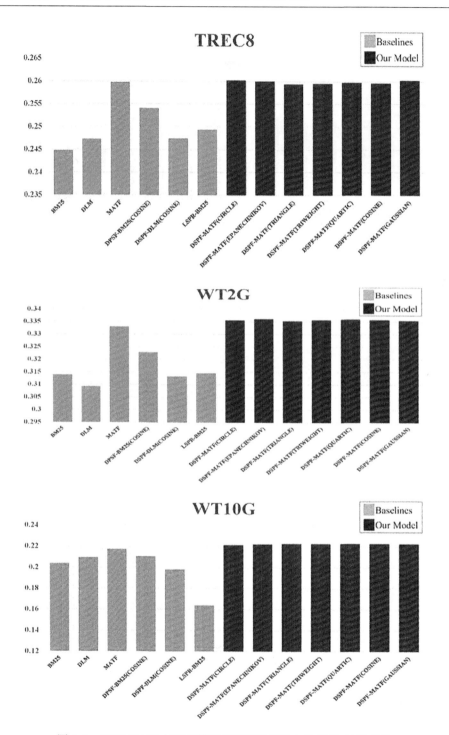

图 6.1 DSPF-MATF 与基线模型在所有数据集上的 MAP 结果对比

表 6.2 至表 6.8 为本章所提出的 DSPF-MATF 与所有基线模型的详细比较结果。由表 6.2 到表 6.8 可知无论 DSPF-MATF 结合何种核函数，模型效果差距较小。DSPF-MATF 效果普遍较好，且在不同数据集上表现稳定。当以 MAP 作为模型效果评价依据时，DSPF-MATF 结合任何一种核函数其效果几乎在所有数据集上均优于所有基线模型。通过显著性检定，可以发现在半数左右的情况下，DSPF-MATF 效果显著优于基线模型。具体而言，当 DSPF-MATF 模型结合 Gaussian、Circle 以及 Epanechnikov 核函数时，模型效果在所有数据集上均优于所有基线模型。当 DSPF-MATF 结合 Quartic 核函数时，模型在绝大多数数据集上（AP90、AP88-89、FBIS、TREC8、WT2G、WT10G）优于所有基线模型，而在 TREC8 数据集与 MATF 效果相同。当模型结合 Cosine、Triangle、Triweight 核函数时，模型在绝大多数数据集上（AP90、AP88-89、FBIS、TREC8、WT2G、WT10G）效果均优于所有基线模型，而在 TREC8 数据集上，模型仍然优于绝大多数基线模型（BM25、DLM、DSPF-BM25、DSPF-DLM、LSPR-BM25），但效果弱于 MATF，但是需要指出的是，在 TREC8 数据集上，结合不同核函数的 DSPF-MATF 与 MATF 的效果差异微小，提升与下降均在 0.1% 左右，总体没有明显差异。

当以 P@k（P@10 与 P@20）作为模型效果评价依据时，总体而言，DSPF-MATF 的效果均优于所有基线模型。具体而言，无论 DSPF-MATF 结合何种核函数，其效果几乎在所有的数据集上均优于 BM25、DLM、DSPF-BM25、DSPF-DLM、LSPR-BM25，就统计显著性检定结果而言，很多情况下，DSPF-MATF 显著优于上述基线模型。同时，DSPF-MATF 在大多数数据集上优于 MATF。此外可以发现，无论 DSPF-MATF 结合何种核函数，其在以 P@10 作为指标时表现更佳。即在大多数数据集上均优于所有基线模型（包括 MATF），而以 P@20 为指标时，模型在半数左右的数据集上优于所有基线模型。此外，当以 MAP 为依据时，DSPF-MATF 结合不同的核函数时，其效果没有显著差异，而以 P@10 为指标时，DSPF-MATF 与 Triangle、Triweight 核函数结合效果最佳，当以 P@20 为指标时，DSPF-MATF 与 Gaussian 核函数结合效果最佳。

表 6.2 结合 Gaussian 核函数的 DSPF-MATF 模型与基线模型的效果比较

模型	指标 \ 数据集	AP90	AP88-89	FBIS	DISK45	TREC8	WT2G	WT10G
BM25	MAP	0.2718	0.2854	0.2460	0.2258	0.2448	0.3139	0.2037
	P@10	0.4468	0.4306	0.3049	0.4233	0.4680	0.4820	0.3133
	P@20	0.4043	0.4000	0.2642	0.3623	0.3930	0.3930	0.2612
DLM	MAP	0.2652	0.2822	0.2618	0.2247	0.2473	0.3092	0.2095
	P@10	0.4255	0.4286	0.3185	0.4040	0.4420	0.4540	0.3000
	P@20	0.3979	0.4112	0.2593	0.3547	0.3930	0.3920	0.2663
MATF	MAP	0.2772	0.2922	0.2639	0.2350	0.2598	0.3330	0.2174
	P@10	0.4532	0.4469	0.3395	**0.4406**	0.4700	0.4860	0.3082
	P@20	**0.4191**	0.4071	0.2735	0.3767	0.4190	**0.4130**	0.2663
DSPF-BM25（Cosine）	MAP	0.2727	0.2894	0.2659	0.2290	0.2541	0.3229	0.2104
	P@10	0.4489	0.4327	0.3284	0.4140	0.4700	0.4740	0.3071
	P@20	0.4043	0.3990	**0.2809**	0.3627	0.4070	0.3950	0.2536
DSPF-DLM（Cosine）	MAP	0.2685	0.2900	0.2662	0.2241	0.2474	0.3133	0.1983
	P@10	0.4340	0.4408	0.3222	0.3933	0.4340	0.4620	0.2531
	P@20	0.3915	0.4102	0.2630	0.3480	0.3890	0.3870	0.2332
LSRP-BM25	MAP	0.2689	0.2760	0.2625	0.2219	0.2494	0.3167	0.1638
	P@10	0.4511	0.4204	0.3198	0.4093	0.4420	0.4660	0.2153
	P@20	0.4000	0.3990	0.2759	0.3553	0.3960	0.3830	0.2061

续表

指标	数据集	AP90	AP88-89	FBIS	DISK45	TREC8	WT2G	WT10G
MAP		**0.2814**	**0.2944**	**0.2774**	**0.2366**	**0.2602**	**0.3355**	**0.2226**
	↑BM25	+3.53%	+3.15%	+12.76%***	+4.78%***	+6.29%***	+6.88%***	+9.28%***
	↑DLM	+6.11%	+4.32%	+5.96%	+5.30%***	+5.22%	+8.51%***	+6.25%
	↑MATF	+1.52%	+0.75%	+5.12%	+0.68%	+0.15%	+0.75%	+2.39%
	↑DSPF-BM25	+3.19%	+1.73%	+4.32%	+3.32%***	+2.40%	+3.90%***	+5.80%***
	↑DSPF-DLM	+4.80%	+1.52%	+4.21%	+5.58%***	+5.17%***	+7.09%***	+12.25%***
	↑LSPR-BM25	+4.65%	+6.67%	+5.68%	+6.62%***	+4.33%	+5.94%***	+35.90%***
P@10		**0.4638**	**0.4469**	**0.3432**	0.4393	**0.4740**	**0.4940**	**0.3173**
	↑BM25	+3.80%	+3.79%	+12.56%***	+3.78%	+1.28%	+2.49%	+1.28%
	↑DLM	+9.00%***	+4.27%	+7.76%	+8.74%***	+7.24%	+8.81%	+5.77%
	↑MATF	+2.34%	+0.0%	+1.09%	-0.30%	+0.85%	+1.65%	+2.95%***
	↑DSPF-BM25	+3.32%	+3.28%	+4.51%	+6.11%***	+0.85%	+4.22%	+3.32%***
	↑DSPF-DLM	+6.87%	+1.38%	+6.52%	+11.70%***	+9.22%***	+6.93%	+25.37%***
	↑LSPR-BM25	+2.82%	+6.30%	+7.32%***	+7.33%***	+7.24%***	+6.01%	+47.38%***
P@20		0.4149	**0.4204**	0.2796	**0.3783**	**0.4210**	0.4050	**0.2679**
	↑BM25	+2.62%	+5.10%	+5.83%***	+4.42%***	+7.12%***	+3.05%	+2.57%
	↑DLM	+4.27%	+2.24%	+7.83%	+6.65%***	+7.12%	+3.32%	+0.60%
	↑MATF	-1.00%	+3.27%***	+2.23%	+0.42%	+0.48%	-1.94%	+0.60%
	↑DSPF-BM25	+2.62%	+5.36%***	-0.46%	+4.30%	+3.44%	+2.53%	+5.64%
	↑DSPF-DLM	+5.98%	+2.49%	+6.31%	+8.71%***	+8.23%***	+4.65%	+14.88%
	↑LSPR-BM25	+3.72%	+5.36%	+1.34%	+6.47%***	+6.31%	+5.74%	+29.99%***

模型：DSPF-BM25（Gaussian）

表 6.3　结合 Cosine 核函数的 DSPF-MATF 模型与基线模型的效果比较

模型	指标	AP90	AP88-89	FBIS	DISK45	TREC8	WT2G	WT10G
BM25	MAP	0.2718	0.2854	0.2460	0.2258	0.2448	0.3139	0.2037
	P@10	0.4468	0.4306	0.3049	0.4233	0.4680	0.4820	0.3133
	P@20	0.4043	0.4000	0.2642	0.3623	0.3930	0.3930	0.2612
DLM	MAP	0.2652	0.2822	0.2618	0.2247	0.2473	0.3092	0.2095
	P@10	0.4255	0.4286	0.3185	0.4040	0.4420	0.4540	0.3000
	P@20	0.3979	0.4112	0.2593	0.3547	0.3930	0.3920	0.2663
MATF	MAP	0.2772	0.2922	0.2639	0.2350	**0.2598**	0.3330	0.2174
	P@10	0.4532	0.4469	0.3395	**0.4406**	**0.4700**	0.4860	0.3082
	P@20	**0.4191**	0.4071	0.2735	0.3767	0.4190	**0.4130**	0.2663
DSPF-BM25（Cosine）	MAP	0.2727	0.2894	0.2659	0.2290	0.2541	0.3229	0.2104
	P@10	0.4489	0.4327	0.3284	0.4140	**0.4700**	0.4740	0.3071
	P@20	0.4043	0.3990	**0.2809**	0.3627	0.4070	0.3950	0.2536
DSPF-DLM（Cosine）	MAP	0.2685	0.2900	0.2662	0.2241	0.2474	0.3133	0.1983
	P@10	0.4340	0.4408	0.3222	0.3933	0.4340	0.4620	0.2531
	P@20	0.3915	0.4102	0.2630	0.3480	0.3890	0.3870	0.2332
LSRP-BM25	MAP	0.2689	0.2760	0.2625	0.2219	0.2494	0.3167	0.1638
	P@10	0.4511	0.4204	0.3198	0.4093	0.4420	0.4660	0.2153
	P@20	0.4000	0.3990	0.2759	0.3553	0.3960	0.3830	0.2061

续表

模型	指标	数据集	AP90	AP88-89	FBIS	DISK45	TREC8	WT2G	WT10G
DSPF-MATF (Cosine)	MAP		**0.2822**	**0.2950**	**0.2782**	**0.2368**	0.2596	**0.3359**	**0.2228**
	↑BM25		+3.83%	+3.36%	+13.09%***	+4.87%***	+6.05%***	+7.01%***	+9.38%***
	↑DLM		+6.41%	+4.54%	+6.26%	+5.38%***	+4.97%	+8.64%***	+6.35%
	↑MATF		+1.80%	+0.96%	+5.42%	+0.77%	−0.08%	+0.87%	+2.48%
	↑DSPF-BM25		+3.48%	+1.94%	+4.63%	+3.41%	+2.16%	+4.03%	+5.89%
	↑DSPF-DLM		+5.10%	+1.72%	+4.51%	+5.67%***	+4.93%***	+7.21%***	+12.36%
	↑LSPR-BM25		+4.95%***	+6.88%	+5.98%***	+6.71%***	+4.09%	+6.06%***	+36.02%***
	P@10		**0.4596**	**0.4490**	**0.3457**	0.4393	0.4660	**0.4960**	0.3163
	↑BM25		+2.86%	+4.27%	+13.38%***	+3.78%	−0.43%	+2.90%	+0.96%
	↑DLM		+8.01%***	+4.76%	+8.54%***	+8.74%***	+5.43%	+9.25%	+5.43%
	↑MATF		+1.41%	+0.47%	+1.83%	−0.30%	−0.85%	+2.06%	+2.63%
	↑DSPF-BM25		+2.38%	+3.77%	+5.27%	+6.11%***	−0.85%	+4.64%	+3.00%
	↑DSPF-DLM		+5.90%	+1.86%	+7.29%	+11.70%***	+7.37%	+7.36%***	+24.97%***
	↑LSPR-BM25		+1.88%	+6.80%	+8.10%***	+7.33%***	+5.43%	+6.44%	+46.91%***
	P@20		**0.4149**	**0.4112**	0.2759	**0.3783**	0.4140	0.4120	**0.2709**
	↑BM25		+2.62%	+2.80%	+4.43%	+4.42%***	+5.34%***	+4.83%	+3.71%
	↑DLM		+4.27%	+0.00%	+6.40%	+6.65%***	+5.34%	+5.10%	+1.73%
	↑MATF		−1.00%	+1.01%	+0.88%	+0.42%	−1.19%	−0.24%	+1.73%
	↑DSPF-BM25		+2.62%	+3.06%	−1.78%	+4.30%***	+1.72%	+4.30%	+6.82%***
	↑DSPF-DLM		+5.98%	+0.24%	+4.90%	+8.71%***	+6.43%***	+6.46%	+16.17%
	↑LSPR-BM25		+3.72%	+3.06%	+0.00%	+6.47%***	+4.55%	+7.57%***	+31.44%***

表 6.4　结合 Quartic 核函数的 DSPF-MATF 模型与基线模型的效果比较

模型	指标 数据集	AP90	AP88-89	FBIS	DISK45	TREC8	WT2G	WT10G
BM25	MAP	0.2718	0.2854	0.2460	0.2258	0.2448	0.3139	0.2037
	P@10	0.4468	0.4306	0.3049	0.4233	0.4680	0.4820	0.3133
	P@20	0.4043	0.4000	0.2642	0.3623	0.3930	0.3930	0.2612
DLM	MAP	0.2652	0.2822	0.2618	0.2247	0.2473	0.3092	0.2095
	P@10	0.4255	0.4286	0.3185	0.4040	0.4420	0.4540	0.3000
	P@20	0.3979	0.4112	0.2593	0.3547	0.3930	0.3920	0.2663
MATF	MAP	0.2772	0.2922	0.2639	0.2350	**0.2598**	0.3330	0.2174
	P@10	0.4532	0.4469	**0.3395**	**0.4406**	**0.4700**	0.4860	0.3082
	P@20	**0.4191**	0.4071	0.2735	0.3767	_0.4190_	_0.4130_	0.2663
DSPF-BM25 (Cosine)	MAP	0.2727	0.2894	0.2659	0.2290	0.2541	0.3229	0.2104
	P@10	0.4489	0.4327	0.3284	0.4140	0.4700	0.4740	0.3071
	P@20	0.4043	0.3990	**0.2809**	0.3627	0.4070	0.3950	0.2536
DSPF-DLM (Cosine)	MAP	0.2685	0.2900	0.2662	0.2241	0.2474	0.3133	0.1983
	P@10	0.4340	0.4408	0.3222	0.3933	0.4340	0.4620	0.2531
	P@20	0.3915	0.4102	0.2630	0.3480	0.3890	0.3870	0.2332
LSRP-BM25	MAP	0.2689	0.2760	0.2625	0.2219	0.2494	0.3167	0.1638
	P@10	0.4511	0.4204	0.3198	0.4093	0.4420	0.4660	0.2153
	P@20	0.4000	0.3990	0.2759	0.3553	0.3960	0.3830	0.2061

续表

模型	指标	数据集	AP90	AP88-89	FBIS	DISK45	TREC8	WT2G	WT10G
DSPF-MATF（Quartic）	MAP		0.2819	0.2950	0.2698	0.2368	0.2598	0.3361	0.2229
		↑BM25	+3.72%	+3.36%	+9.67%	+4.87%***	+6.13%***	+7.07%***	+9.43%***
		↑DLM	+6.30%	+4.54%	+3.06%	+5.38%***	+5.05%	+8.70%***	+6.40%
		↑MATF	+1.70%	+0.96%	+2.24%***	+0.77%	+0.00%	+0.93%	+2.53%
		↑DSPF-BM25	+3.37%	+1.94%	+1.47%	+3.41%***	+2.24%***	+4.09%***	+5.94%***
		↑DSPF-DLM	+4.99%	+1.72%	+1.35%	+5.67%***	+5.01%***	+7.28%***	+12.41%***
		↑LSPR-BM25	+4.83%***	+6.88%	+2.78%	+6.71%***	+4.17%	+6.13%***	+36.08%***
	P@10		0.4617	0.4490	0.3284	0.4393	0.4680	0.4960	0.3184
		↑BM25	+3.33%	+4.27%	+7.71%***	+3.78%	+0.00%	+2.90%	+1.63%
		↑DLM	+8.51%***	+4.76%	+3.11%	+8.74%***	+5.88%	+9.25%***	+6.13%
		↑MATF	+1.88%	+0.47%	−3.27%	−0.30%	−0.43%	+2.06%***	+3.31%***
		↑DSPF-BM25	+2.85%	+3.77%	+0.00%	+6.11%	−0.43%	+4.64%	+3.68%
		↑DSPF-DLM	+6.38%	+1.86%	+1.92%	+11.70%***	+7.83%***	+7.36%	+25.80%***
		↑LSPR-BM25	+2.35%	+6.80%	+2.69%	+7.33%***	+5.88%	+6.44%***	+47.89%***
	P@20		0.4149	0.4112	0.2765	0.3783	0.4160	0.4110	0.2668
		↑BM25	+2.62%	+2.80%	+4.66%	+4.42%***	+5.85%***	+4.58%	+2.14%
		↑DLM	+4.27%	+0.0%	+6.63%	+6.65%***	+5.85%***	+4.85%	+0.19%
		↑MATF	−1.00%	+1.01%	+1.10%	+0.42%	−0.72%	−0.48%	+0.19%
		↑DSPF-BM25	+2.62%	+3.06%	−1.57%	+4.30%	+2.21%	+4.05%	+5.21%
		↑DSPF-DLM	+5.98%	+0.24%	+5.13%	+8.71%***	+6.94%***	+6.20%	+14.41%
		↑LSPR-BM25	+3.72%	+3.06%	+0.22%	+6.47%	+5.05%	+7.31%***	+29.45%***

表 6.5　结合 Triweight 核函数的 DSPF-MATF 模型与基线模型的效果比较

模型	指标	AP90	AP88-89	FBIS	DISK45	TREC8	WT2G	WT10G
BM25	MAP	0.2718	0.2854	0.2460	0.2258	0.2448	0.3139	0.2037
	P@10	0.4468	0.4306	0.3049	0.4233	0.4680	0.4820	0.3133
	P@20	0.4043	0.4000	0.2642	0.3623	0.3930	0.3930	0.2612
DLM	MAP	0.2652	0.2822	0.2618	0.2247	0.2473	0.3092	0.2095
	P@10	0.4255	0.4286	0.3185	0.4040	0.4420	0.4540	0.3000
	P@20	0.3979	0.4112	0.2593	0.3547	0.3930	0.3920	0.2663
MATF	MAP	0.2772	0.2922	0.2639	0.2350	**0.2598**	0.3330	0.2174
	P@10	0.4532	**0.4469**	0.3395	0.4406	**0.4700**	0.4860	0.3082
	P@20	**0.4191**	0.4071	0.2735	0.3767	**0.4190**	**0.4130**	0.2663
DSPF-BM25（Cosine）	MAP	0.2727	0.2894	0.2659	0.2290	0.2541	0.3229	0.2104
	P@10	0.4489	0.4327	0.3284	0.4140	**0.4700**	0.4740	0.3071
	P@20	0.4043	0.3990	**0.2809**	0.3627	0.4070	0.3950	0.2536
DSPF-DLM（Cosine）	MAP	0.2685	0.2900	0.2662	0.2241	0.2474	0.3133	0.1983
	P@10	0.4340	0.4408	0.3222	0.3933	0.4340	0.4620	0.2531
	P@20	0.3915	0.4102	0.2630	0.3480	0.3890	0.3870	0.2332
LSRP-BM25	MAP	0.2689	0.2760	0.2625	0.2219	0.2494	0.3167	0.1638
	P@10	0.4511	0.4204	0.3198	0.4093	0.4420	0.4660	0.2153
	P@20	0.4000	0.3990	0.2759	0.3553	0.3960	0.3830	0.2061

续表

模型	指标	AP90	AP88-89	FBIS	DISK45	TREC8	WT2G	WT10G
DSPF-MATF (Triweight)	MAP	0.2819	0.2947	0.2787	0.2369	0.2595	0.3359	0.2227
	↑BM25	+3.72%	+3.26%	+13.29%***	+4.92%***	+6.00%***	+7.01%***	+9.33%***
	↑DLM	+6.30%	+4.43%	+6.46%	+5.43%***	+4.93%	+8.64%***	+6.30%
	↑MATF	+1.70%	+0.86%	+5.61%	+0.81%	-0.12%	+0.87%	+2.44%
	↑DSPF-BM25	+3.37%	+1.83%	+4.81%	+3.45%***	+2.13%	+4.03%***	+5.85%
	↑DSPF-DLM	+4.99%	+1.62%	+4.70%	+5.71%***	+4.89%***	+7.21%***	+12.30%
	↑LSPR-BM25	+4.83%***	+6.78%	+6.17%	+6.76%***	+4.05%	+6.06%***	+35.96%***
	P@10	0.4617	0.4408	0.3432	0.4407	0.4660	0.4960	0.3184
	↑BM25	+3.33%	+2.37%	+12.56%***	+4.11%	-0.43%	+2.90%	+1.63%
	↑DLM	+8.51%***	+2.85%	+7.76%	+9.08%***	+5.43%	+9.25%	+6.13%
	↑MATF	+1.88%	-1.36%	+1.09%	+0.02%	-0.85%	+2.06%	+3.31%
	↑DSPF-BM25	+2.85%	+1.87%	+4.51%	+6.45%***	-0.85%	+4.64%	+3.68%
	↑DSPF-DLM	+6.38%	+0.00%	+6.52%	+12.05%***	+7.37%	+7.36%	+25.80%***
	↑LSPR-BM25	+2.35%	+4.85%	+7.32%***	+7.67%***	+5.43%	+6.44%	+47.89%***
	P@20	0.4149	0.4184	0.2753	0.3780	0.4140	0.4120	0.2704
	↑BM25	+2.62%	+4.60%	+4.20%	+4.33%***	+5.34%***	+4.83%	+3.52%
	↑DLM	+4.27%	+1.75%	+6.17%	+6.57%***	+5.34%	+5.10%	+1.54%
	↑MATF	-1.00%	+2.78%	+0.66%	+0.35%	-1.19%	-0.24%	+1.54%
	↑DSPF-BM25	+2.62%	+4.86%	-1.99%	+4.22%	+1.72%	+4.30%	+6.62%***
	↑DSPF-DLM	+5.98%	+2.00%	+4.68%	+8.62%***	+6.43%***	+6.46%	+15.95%
	↑LSPR-BM25	+3.72%	+4.86%	-0.22%	+6.39%***	+4.55%	+7.57%***	+31.20%***

表 6.6　结合 Triangle 核函数的 DSPF-MATF 模型与基线模型的效果比较

模型	指标＼数据集	AP90	AP88-89	FBIS	DISK45	TREC8	WT2G	WT10G
BM25	MAP	0.2718	0.2854	0.2460	0.2258	0.2448	0.3139	0.2037
	P@10	0.4468	0.4306	0.3049	0.4233	0.4680	0.4820	0.3133
	P@20	0.4043	0.4000	0.2642	0.3623	0.3930	0.3930	0.2612
DLM	MAP	0.2652	0.2822	0.2618	0.2247	0.2473	0.3092	0.2095
	P@10	0.4255	0.4286	0.3185	0.4040	0.4420	0.4540	0.3000
	P@20	0.3979	0.4112	0.2593	0.3547	0.3930	0.3920	0.2663
MATF	MAP	0.2772	0.2922	0.2639	0.2350	**0.2598**	0.3330	0.2174
	P@10	0.4532	0.4469	0.3395	**0.4406**	**0.4700**	0.4860	0.3082
	P@20	**0.4191**	0.4071	0.2735	0.3767	**0.4190**	**0.4130**	0.2663
DSPF-BM25（Cosine）	MAP	0.2727	0.2894	0.2659	0.2290	0.2541	0.3229	0.2104
	P@10	0.4489	0.4327	0.3284	0.4140	0.4700	0.4740	0.3071
	P@20	0.4043	0.3990	**0.2809**	0.3627	0.4070	0.3950	0.2536
DSPF-DLM（Cosine）	MAP	0.2685	0.2900	0.2662	0.2241	0.2474	0.3133	0.1983
	P@10	0.4340	0.4408	0.3222	0.3933	0.4340	0.4620	0.2531
	P@20	0.3915	0.4102	0.2630	0.3480	0.3890	0.3870	0.2332
LSRP-BM25	MAP	0.2689	0.2760	0.2625	0.2219	0.2494	0.3167	0.1638
	P@10	0.4511	0.4204	0.3198	0.4093	0.4420	0.4660	0.2153
	P@20	0.4000	0.3990	0.2759	0.3553	0.3960	0.3830	0.2061

续表

模型	指标	数据集	AP90	AP88-89	FBIS	DISK45	TREC8	WT2G	WT10G
DSPF-MATF (Triangle)	MAP		0.2821	0.2952	0.2791	0.2366	0.2594	0.3354	0.2226
		↑BM25	+3.79%	+3.43%	+13.46%***	+4.78%***	+5.96%***	+6.85%***	+9.28%***
		↑DLM	+6.37%	+4.61%	+6.61%	+5.30%***	+4.89%	+8.47%***	+6.25%
		↑MATF	+1.77%	+1.03%	+5.76%	+0.68%	-0.15%	+0.72%***	+2.39%
		↑DSPF-BM25	+3.45%	+2.00%	+4.96%	+3.32%***	+2.09%	+3.87%***	+5.80%***
		↑DSPF-DLM	+5.07%	+1.79%	+4.85%	+5.58%***	+4.85%***	+7.05%***	+12.25%
		↑LSPR-BM25	+4.91%***	+6.96%	+6.32%***	+6.62%***	+4.01%	+5.90%***	+35.90%***
	P@10		0.4638	0.4531	0.3420	0.4393	0.4680	0.4960	0.3163
		↑BM25	+3.80%	+5.23%***	+12.17%***	+3.78%	+0.00%	+2.90%	+0.96%
		↑DLM	+9.00%***	+5.72%	+7.38%	+8.74%***	+5.88%	+9.25%	+5.43%
		↑MATF	+2.34%	+1.39%	+0.74%	-0.30%	-0.43%	+2.06%	+2.63%
		↑DSPF-BM25	+3.32%	+4.71%	+4.14%	+6.11%***	-0.43%	+4.64%	+3.00%
		↑DSPF-DLM	+6.87%	+2.79%	+6.15%	+11.70%***	+7.83%	+7.36%	+24.97%***
		↑LSPR-BM25	+2.82%	+7.78%	+6.94%***	+7.33%***	+5.88%	+6.44%	+46.91%***
	P@20		0.4170	0.4122	0.2772	0.3783	0.4170	0.4100	0.2699
		↑BM25	+3.14%	+3.05%	+4.92%	+4.42%	+6.11%***	+4.33%	+3.33%
		↑DLM	+4.80%	+0.24%	+6.90%	+6.65%***	+6.11%	+4.59%	+1.35%
		↑MATF	-0.50%	+1.25%	+1.35%	+0.42%	-0.48%	-0.73%	+1.35%
		↑DSPF-BM25	+3.14%	+3.31%	-1.32%	+4.30%	+2.46%	+3.80%	+6.43%***
		↑DSPF-DLM	+6.51%	+0.49%	+5.40%	+8.71%***	+7.20%***	+5.94%	+15.74%***
		↑LSPR-BM25	+4.25%	+3.31%	+0.47%	+6.47%	+5.30%	+7.05%***	+30.96%***

表 6.7　结合 Epanechnikov 核函数的 DSPF-MATF 模型与基线模型的效果比较

模型	指标	AP90	AP88-89	FBIS	DISK45	TREC8	WT2G	WT10G
BM25	MAP	0.2718	0.2854	0.2460	0.2258	0.2448	0.3139	0.2037
	P@10	0.4468	0.4306	0.3049	0.4233	0.4680	0.4820	0.3133
	P@20	0.4043	0.4000	0.2642	0.3623	0.3930	0.3930	0.2612
DLM	MAP	0.2652	0.2822	0.2618	0.2247	0.2473	0.3092	0.2095
	P@10	0.4255	0.4286	0.3185	0.4040	0.4420	0.4540	0.3000
	P@20	0.3979	0.4112	0.2593	0.3547	0.3930	0.3920	0.2663
MATF	MAP	0.2772	0.2922	0.2639	0.2350	0.2598	0.3330	0.2174
	P@10	0.4532	**0.4469**	0.3395	**0.4406**	0.4700	0.4860	0.3082
	P@20	**0.4191**	0.4071	0.2735	0.3767	0.4190	**0.4130**	0.2663
DSPF-BM25（Cosine）	MAP	0.2727	0.2894	0.2659	0.2290	0.2541	0.3229	0.2104
	P@10	0.4489	0.4327	0.3284	0.4140	0.4700	0.4740	0.3071
	P@20	0.4043	0.3990	**0.2809**	0.3627	0.4070	0.3950	0.2536
DSPF-DLM（Cosine）	MAP	0.2685	0.2900	0.2662	0.2241	0.2474	0.3133	0.1983
	P@10	0.4340	0.4408	0.3222	0.3933	0.4340	0.4620	0.2531
	P@20	0.3915	0.4102	0.2630	0.3480	0.3890	0.3870	0.2332
LSRP-BM25	MAP	0.2689	0.2760	0.2625	0.2219	0.2494	0.3167	0.1638
	P@10	0.4511	0.4204	0.3198	0.4093	0.4420	0.4660	0.2153
	P@20	0.4000	0.3990	0.2759	0.3553	0.3960	0.3830	0.2061

续表

模型	指标	数据集	AP90	AP88-89	FBIS	DISK45	TREC8	WT2G	WT10G
DSPF-MATF (Epanechnikov)	MAP		0.2820	0.2945	0.2773	0.2367	0.2600	0.3362	0.2221
		↑BM25	+3.75%	+3.19%	+12.72%***	+4.83%***	+6.21%	7.10%***	9.03%***
		↑DLM	+6.33%	+4.36%	+5.92%	+5.34%***	+5.14%	+8.73%***	+6.01%
		↑MATF	+1.73%	+0.79%	+5.08%	+0.72%	+0.08%	+0.96%	+2.16%
		↑DSPF-BM25	+3.41%	+1.76%	+4.29%	+3.36%***	+2.32%	+4.12%***	+5.56%***
		↑DSPF-DLM	+5.03%	+1.55%	+4.17%	+5.62%***	+5.09%	+7.31%***	+12.00%***
		↑LSPR-BM25	+4.87%***	+6.70%	+5.64%***	+6.67%***	+4.25%	+6.16%***	+35.59%***
	P@10		0.4596	0.4388	0.3457	0.4393	0.4740	0.4960	0.3173
		↑BM25	+2.86%	+1.90%	+13.38%***	+3.78%	+1.28%	+2.90%	+1.28%
		↑DLM	+8.01%***	+2.38%	+8.54%	+8.74%***	+7.24%***	+9.25%***	+5.77%
		↑MATF	+1.41%	-1.81%	+1.83%	-0.30%	+0.85%	+2.06%	+2.95%
		↑DSPF-BM25	+2.38%	+1.41%	+5.27%	+6.11%***	+0.85%	+4.64%	+3.32%
		↑DSPF-DLM	+5.90%	-0.45%	+7.29%	+11.70%***	+9.22%***	+7.36%***	+25.37%***
		↑LSPR-BM25	+1.88%	+4.38%	+8.10%***	+7.33%***	+7.24%***	+6.44%***	+47.38%***
	P@20		0.4149	0.4163	0.2735	0.3777	0.4200	0.4100	0.2679
		↑BM25	+2.62%	+4.07%	+3.52%	4.25%***	+6.87%***	+4.33%	+2.57%
		↑DLM	+4.27%	+1.24%	+5.48%	+6.48%***	+6.87%	+4.59%	+0.60%
		↑MATF	-1.00%	+2.26%	+0.00%	+0.27%	+0.24%	-0.73%	+0.60%
		↑DSPF-BM25	+2.62%	+4.34%	-2.63%	+4.14%	+3.19%	+3.80%	+5.64%
		↑DSPF-DLM	+5.98%	+1.49%	+3.99%	+8.53%***	+7.97%***	+5.94%	+14.88%
		↑LSPR-BM25	+3.72%	+4.34%	-0.87%	+6.30%	+6.06%	+7.05%	+29.99%***

表 6.8 结合 Circle 核函数的 DSPF-MATF 模型与基线模型的效果比较

模型	指标	AP90	AP88-89	FBIS	DISK45	TREC8	WT2G	WT10G
BM25	MAP	0.2718	0.2854	0.2460	0.2258	0.2448	0.3139	0.2037
	P@10	0.4468	0.4306	0.3049	0.4233	0.4680	0.4820	0.3133
	P@20	0.4043	0.4000	0.2642	0.3623	0.3930	0.3930	0.2612
DLM	MAP	0.2652	0.2822	0.2618	0.2247	0.2473	0.3092	0.2095
	P@10	0.4255	0.4286	0.3185	0.4040	0.4420	0.4540	0.3000
	P@20	0.3979	0.4112	0.2593	0.3547	0.3930	0.3920	0.2663
MATF	MAP	0.2772	0.2922	0.2639	0.2350	0.2598	0.3330	0.2174
	P@10	**0.4532**	**0.4469**	0.3395	**0.4406**	0.4700	0.4860	0.3082
	P@20	0.4191	0.4071	0.2735	0.3767	0.4190	**0.4130**	0.2663
DSPF-BM25（Cosine）	MAP	0.2727	0.2894	0.2659	0.2290	0.2541	0.3229	0.2104
	P@10	0.4489	0.4327	0.3284	0.4140	0.4700	0.4740	0.3071
	P@20	0.4043	0.3990	**0.2809**	0.3627	0.4070	0.3950	0.2536
DSPF-DLM（Cosine）	MAP	0.2685	0.2900	0.2662	0.2241	0.2474	0.3133	0.1983
	P@10	0.4340	0.4408	0.3222	0.3933	0.4340	0.4620	0.2531
	P@20	0.3915	0.4102	0.2630	0.3480	0.3890	0.3870	0.2332
LSRP-BM25	MAP	0.2689	0.2760	0.2625	0.2219	0.2494	0.3167	0.1638
	P@10	0.4511	0.4204	0.3198	0.4093	0.4420	0.4660	0.2153
	P@20	0.4000	0.3990	0.2759	0.3553	0.3960	0.3830	0.2061

续表

模型	指标\数据集		AP90	AP88-89	FBIS	DISK45	TREC8	WT2G	WT10G
DSPF-MATF (Circle)	MAP		**0.2817**	**0.2945**	**0.2764**	**0.2367**	**0.2602**	0.3357	**0.2214**
		↑BM25	+3.64%	+3.19%	+12.36%***	+4.83%***	+6.29%***	+6.94%***	+8.69%***
		↑DLM	+6.22%	+4.36%	+5.58%	+5.34%***	+5.22%***	+8.57%***	+5.68%
		↑MATF	+1.62%	+0.79%	+4.74%	+0.72%	+0.15%	+0.81%	+1.84%
		↑DSPF-BM25	+3.30%	+1.76%	+3.95%	+3.36%***	+2.40%	+3.96%***	+5.23%
		↑DSPF-DLM	+4.92%	+1.55%	+3.83%	+5.62%***	+5.17%***	+7.15%***	+11.65%
		↑LSPR-BM25	+4.76%	+6.70%	+5.30%	+6.67%***	+4.33%	+6.00%***	+35.16%***
	P@10		**0.4532**	0.4388	**0.3407**	0.4393	**0.4740**	**0.4940**	**0.3173**
		↑BM25	+1.43%	+1.90%	+11.74%***	+3.78%	+1.28%	+2.49%	+1.28%
		↑DLM	+6.51%	+2.38%	+6.97%	+8.74%***	+7.24%***	+8.81%***	+5.77%
		↑MATF	+0.00%	-1.81%	+0.35%	-0.30%	+0.85%	+1.65%	+2.95%
		↑DSPF-BM25	+0.96%	+1.41%	+3.75%	+6.11%***	+0.85%	+4.22%	+3.32%
		↑DSPF-DLM	+4.42%	-0.45%	+5.74%	+11.70%***	+9.22%***	+6.93%***	+25.37%***
		↑LSPR-BM25	+0.47%***	+4.38%	+6.54%	+7.33%***	+7.24%***	+6.01%	+47.38%***
	P@20		0.4117	**0.4153**	0.2796	**0.3773**	**0.4210**	0.4090	**0.2699**
		↑BM25	+1.83%	+3.82%	+5.83%***	+4.14%***	+7.12%***	+4.07%	+3.33%
		↑DLM	+3.47%	+1.00%	+7.83%	+6.37%***	+7.12%	+4.34%	+1.35%
		↑MATF	-1.77%	+2.01%	+2.23%	+0.16%	+0.48%	-0.97%	+1.35%
		↑DSPF-BM25	+1.83%	+4.09%	-0.46%	+4.03%	+3.44%	+3.54%	+6.43%
		↑DSPF-DLM	+5.16%	+1.24%	+6.31%	+8.42%***	+8.23%***	+5.68%	+15.74%
		↑LSPR-BM25	+2.92%	+4.09%	+1.34%	+6.19%	+6.31%	+6.79%	+30.96%***

6.2.4　参数敏感性检验

模型 DSPF-MATF 中包含两个超参数，即控制频谱宽度的 σ 以及控制滤波器宽度的 s。实验通过人工调整两参数的值来优化模型的效果。通过实验结果可以发现，在每个数据集上模型取得最佳效果的参数取值均不尽相同。本节将分别测试两参数取值对于模型效果的影响，以探知模型在不同数据集上获得普遍较好效果时两参数的取值区间，并推荐参数的取值区间，保证模型在未知数据集上亦可获得较好效果。

在本实验中，当孤立研究信号频谱宽度控制参数 σ 的取值变动对模型效果影响时，将固定滤波器宽度参数 s 的值取为 35。当孤立研究滤波器宽度参数 s 的变动对模型效果影响时，将固定信号频谱宽度控制参数 σ 的值取为 1000（该模型的参数设置方式与之在前两个模型中不同，在该模型内，不同核函数的超参数调节范围均相同）。图 6.2 与图 6.3 分别表明了两参数变动对模型效果产生的影响。

由图 6.2 可知，在每个数据集内，当模型结合不同核函数时其效果伴随着 σ 的取值变动表现出相似的变动规律。现依据参数 σ 的取值区间进行讨论。在参数 σ 的取值位于 200 至 600 范围内时，模型效果波动较为剧烈，且模型结合不同的核函数时，在此区间表现出不同的变动趋势。在参数 σ 的取值位于 600 至 2000 范围内时，模型效果逐渐稳定。但在此区间内，模型效果在不同的数据集上表现出不同的变动趋势，即表现为模型效果在有些数据集上递增，在有些数据集上递减。但可以发现的规律是，凡是模型效果出现递增的数据集中，模型效果的这种效果递增趋势较为平缓，而模型效果出现递减数据集中，模型的这种效果递减趋势较为陡峭。基于此分析，σ 的取值范围将被推荐为 600 至 800 的区间。此外，通过对比不同曲线可以发现，结合 Gaussian 核函数的 DSPF-MATF 模型表现相对稳定。

通过图 6.3 我们发现，在每个数据集内，模型结合不同核函数时，其效果伴随着 s 的取值变动表现出极其相似的变动规律。现依据参数 s 的取值区间进行讨论。在所有数据集上，模型效果整体伴随 s 取值的增加而增加，但在 s 由 5 变动到 30 的过程中，模型效果都存在着一定程度的波动，在 s 由 30 变动至 40 过程中，模型效果相对稳定。基于模型在各个数据集上的整体表现，s 的取值范围将被推荐为 35 与 40 之间，因为模型在该区间内效果普遍较好并且稳定。

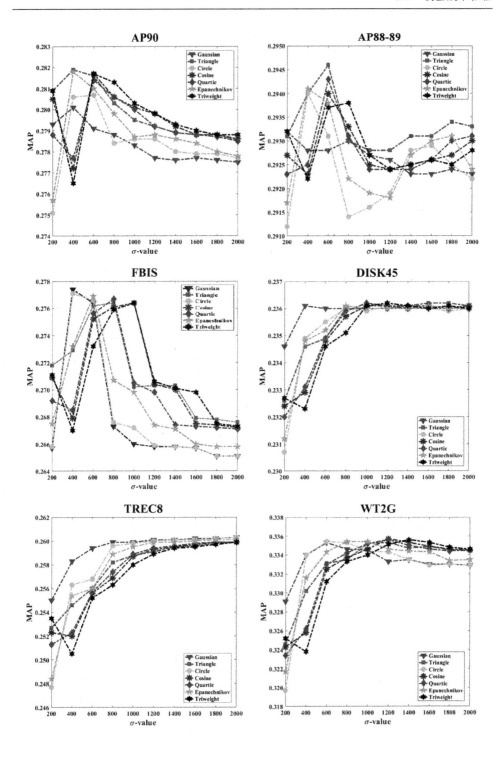

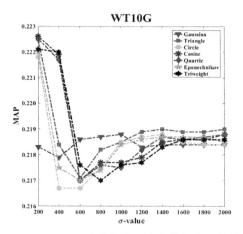

图 6.2　DSPF-MATF 中的参数 σ 在各数据集上的敏感性

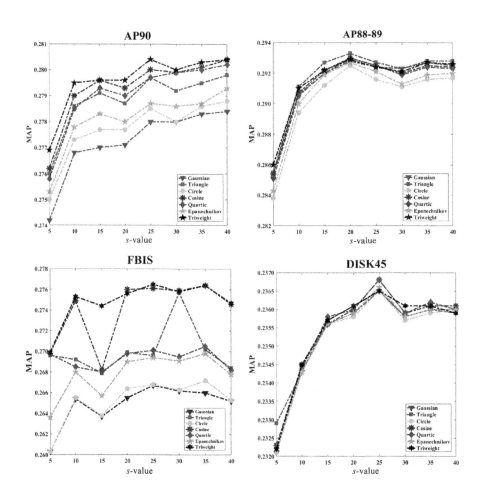

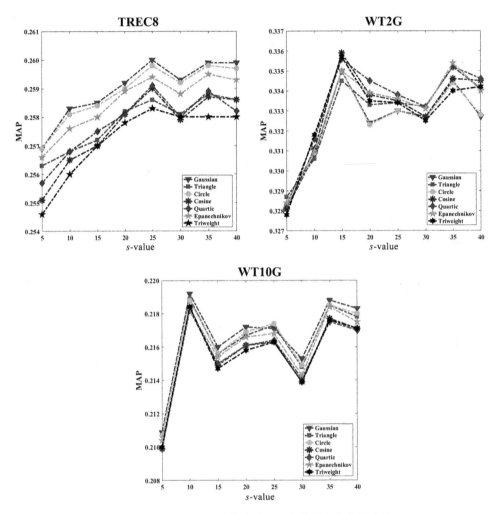

图 6.3　DSPF-MATF 中的参数 *s* 在各数据集上的敏感性

再次需要说明的是，在参数敏感性检验环节，不能以图中曲线位置的高低为依据，判定结合不同核函数时模型效果的优劣。

6.3　本章小结

本章主要介绍了我们所提出的模型 DSPF-DLM，它是将统计语言模型词项权重计算方法引入 DSPF 框架后提出的。实验对比了 DSPF-MATF 与 6 种基线模型的检索效果，发现 DSPF-MATF 模型在所有实验数据集上查询准确率较高。同时可以发现，若以 MAP 为模型效果评价依据，查询词项被表示为不同形式的频谱时，模型查询准确率不存在明显差异；当以 P@ 10 为模型效果评价依据，查询词项采用 Triangle 与 Triweight 核函数频谱形式时，模型效果最佳；当以 P@ 20 为模型效果评价依据，查询词项采用 Gaussian 核函数频谱形式时，模型效果最佳。

第7章　基于 DSPF 模型的检索系统实现

本书的前若干章节提出了基于信号处理理论的信息检索模型构架 DSPF。基于此构架，将概率模型、统计语言模型以及空间向量模型的词项权重计算方式引入，并分别提出了相应的模型 DSPF-BM25、DSPF-DLM 以及 DSPF-MATF。随后，本研究通过实验，基于三种查准率评价指标（MAP、P@10、P@20）对所提出的模型进行有效性验证。实验结果显示，相比于在工业界广泛使用的检索模型 BM25 以及其改良模型 BM25+，本书所提出的结合 Gaussian 与 Cosine 核函数的模型 DSPF-BM25 在以任一种指标为依据时均表现出了更高的查询准确率；此外，在以 MAP、P@10 为指标时，结合 Gaussian 与 Cosine 核函数的 DSPF-DLM 较 DLM 查准率更高；最后，无论以何种指标，结合任意一核函数的 DSPF-MATF 相比于 MATF、BM25、DLM 等信息检索领域普遍关注的经典模型具备更明显的查准率优势。

然而研究该类模型的最终目的是为了将该类模型应用于实际检索系统中，用于优化各个行业的管理信息系统或信息服务系统，更好地满足用户对于检索系统的高查准率需求。本章将基于本书之前所提出的基于 DSP 理论的信息检索模型初步实现一个服务于某行业的信息检索系统。

基于我国人口基数大、医疗卫生服务机构门诊量大以及医疗资源稀缺的基本国情。本研究将尝试将本书所提出的模型应用于医疗文本资料的检索中，基于所提出的模型初步实现一个医学文献检索系统。该系统的作用是从海量医学决策文献中搜寻到与医务人员提交查询相关的文献资料，更加高效、全面地为医务人员提供诊断、治疗或护理等医疗服务环节中所需的重要信息，在一定程度上提高医疗服务系统的整体效率。

7.1　系统背景语料介绍

本章所展示的信息检索服务系统将以标准 TREC 临床决策支持数据集（Clinical Decision Support Track Collections①）PMC2016 为背景语料，其数据集由 PubMed Central（PMC）②发布。包含 PMC 于 2016 年发布的 125 万篇生物医学文献，由 4 部分组成：pmc-00、pmc-01、pmc-02 以及 pmc-03。该数据集中所包含的文献主要是针对医疗记录中的普遍问题以及答案，也涵盖了大量电子病历（electronic health records）。其数据集的相关信息如表 7.1 所示。本研究将基于该背景语料，初步实现医学文献数据库检索系统。

表 7.1　　　　　　　　　　　　　　**PMC2016 相关信息**

名称		文档数量	大小	查询主题数量
PMC2016	pmc-00	263175	16.9GB	30
	pmc-01	240347	15.8GB	30
	pmc-02	389431	21.2GB	30
	pmc-03	357047	19.6GB	30

7.2　系统的相关介绍

如前文所述，信息检索（information retrieval）通常是指从大规模非结构化数据背景语料中找出满足用户信息需求的资料的过程。而信息检索技术是指对信息进行预处理、存储和管理，然后找出用户所需信息的过程和技术。信息检索的过程可用图 7.1 表示，其全过程可以简单描述为以下步骤：用户产生了一个信息需求，用户采用关键字对自己的信息需求进行描述。该过程将用户内在信息需求表

---

①　http：//www.trec-cds.org.

②　https：//www.ncbi.nlm.nih.gov/pmc/tools/openftlist.

达为查询表示，并将其输入搜索引擎并执行检索。随后，检索系统根据用户所提交的查询表示，对作为一个整体的查询表示进行切分与识别，随后搜索系统开始工作。而在整个过程中起到核心作用的即是检索模型，检索模型根据系统所索引的背景语料，采用遍历的方式逐一将每个文档取出，进行文档与查询表示之间的相关性推断。在每次推断完成时，检索模型会赋予每篇文档一个分数。在所有文档被遍历完成后，系统将以每篇文档的评分为依据，由高到低对文档进行排序，并将其返回至用户界面，供用户进行查阅。

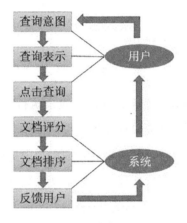

图 7.1　检索过程

由以上描述可知，系统在进行信息检索时会执行两个核心步骤。第一个步骤为建立索引，第二个步骤为检索执行。建立索引即为系统对背景语料中的所有文档建立索引。其过程可用图 7.2 表示，该过程可以被描述为：系统前端调用 POST 方法将索引文档目录作为输入信息传入后台控制层，后台控制层接收到前端请求后，根据路径名读入文档数据集，随后将文档数据进行清洗与数据类型转换，随后将文档进行一系列预处理，这些预处理包括去停用词以及词干化。随后，系统对文档数据建立索引，将最终的索引数据传入索引文件系统，随后，索引文件系统内的信息将经由系统后台反馈至系统终端界面，将索引建立的结果进行展示。

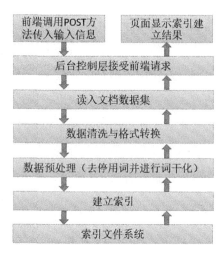

图 7.2　索引建立

信息检索系统执行的第二个核心过程为检索执行，该过程可由图 7.3 表示。系统执行检索的全过程可以被简单描述为：用户根据自己的信息需求在搜索引擎的用户界面提交一个查询表示。系统将从查询表示中提取关键词信息，传递给后台控制层，随后系统在索引阶段所建立的索引文件数据集合中执行检索，根据信息检索模型对文档进行与查询之间的相关性推断、评分以及排序，在完成排序后，将文档依次返回至系统前端，供用户浏览。

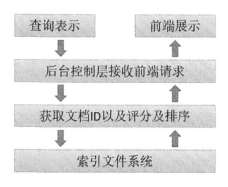

图 7.3　检索执行

基于本书第 4、5、6 章对于所提出的三个模型的查准率测试结果，在本章所实现的基于 DSP 理论检索模型的医学文献检索系统中，将选择普遍检索效果较好且较为稳定的 DSPF-MATF 作为检索模型，并使其分别与 Gaussian、Triangle 与 Triweight 核函数进行结合，观察其实际应用效果。其余检索模型以及其余核函数在系统中的实现形式与之类似。

7.3 系统的主要界面

如图 7.4 所示，该检索系统的主页包含了一个搜索栏，用户可以根据自己的需求在检索栏内输入关键字。在搜索栏的左侧，系统为用户提供了可供选择的不同核函数。在某些情形下，如果用户对于检索结果不满意，可以换用其他核函数重新进行检索。采用该种设置的原因在于，在通过对比 DSPF-MATF 与各个核函数结合后的检索效果时发现，DSPF-MATF 在与 Triangle 与 Triweight 核函数结合时，模型对前 10 篇文档返回效果较好，而与 Gaussian 核函数结合时，模型对于前 20 篇文档返回效果较好。DSPF-MATF 在与本书中使用的任何一种核函数结合时，对于前 1000 篇文档的返回效果均很好，且在结合不同核函数时其效果没有

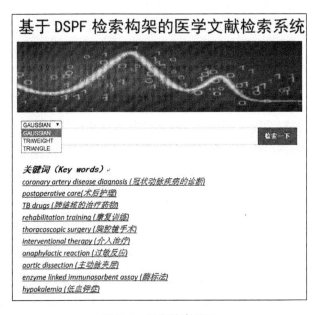

图 7.4 用户检索界面

明显差异。因此，选择以上三种核函数与模型进行结合。在该搜索栏中，待用户输入了查询表示，并选定了核函数后，点击检索栏右侧的"检索一下"按钮，系统便开始执行检索。此外，医务人员还可通过点击系统用户界面下所提示的关键字与用户近期使用的关键字进行直接搜索。

7.4　系统的返回结果

由于医疗服务往往涉及诊断、治疗与护理三个方面，因此，本书将分别在检索栏内输入与以上三个方面相关的关键字以检验系统效果。本实验中输入的关键字分别为"coronary artery disease diagnosis"（冠状动脉疾病的诊断）、"TB drugs"（肺结核的治疗药物）、"postoperative care"（术后护理），待系统返回文档后查看返回结果。如图 7.5 所示，医务人员在检索栏输入："coronary artery disease diagnosis"（冠状动脉疾病的诊断）后，点击"检索一下"按钮，系统立刻根据文档评分成功返回了相关文献至用户的终端界面，并在系统上显示了可能相关的文档数量（570578 篇）。随后，打开第一篇文献进行查看，如图 7.6 所示。通过阅读文档，发现该篇文献与查询相关，文献介绍了冠状动脉痉挛的相关病例、诊断与治疗过程，同时阐述了冠状动脉痉挛的致病机理以及病人的预后，同时展示了与该疾病相关的研究成果。随后，在检索栏输入"TB drugs"（肺结核的治疗药物），系统成功返回了相关文献至用户界面，如图 7.7 所示。随后，打开了第一篇文献进行查看，如图 7.8 所示，通过阅读发现该篇文档与查询相关。该文档详细介绍了肺结核杆菌的发现、肺结核作为流行病的背景以及现状、疫苗研发、世界各个卫生组织的应对政策、具体的药物治疗方案以及各种药物治疗方案的利弊、肺结核杆菌传播源的推断以及人类未来对于肺结核的应对策略。最后，在检索栏输入"postoperative care"（术后护理），系统成功返回了相关文献至用户界面，如图 7.9 所示。随后，打开第一篇文献进行查看，如图 7.10 所示，通过阅读发现该篇文献与查询相关。该文献详细介绍了血管外科手术护理方案 ERAS，该护理方案涉及患者的术前阶段、术中阶段以及术后阶段。该种护理方案对多种手术有效，可缩短患者的住院时间，减少并发症，文档也介绍了 ERAS 的相关研究成果。

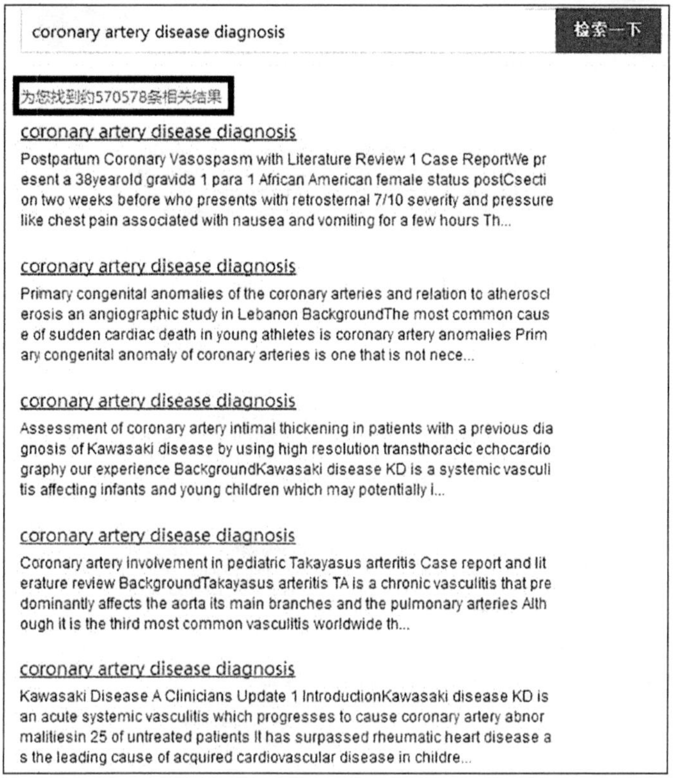

coronary artery disease diagnosis 检索一下

为您找到约570578条相关结果

coronary artery disease diagnosis
Postpartum Coronary Vasospasm with Literature Review 1 Case ReportWe present a 38yearold gravida 1 para 1 African American female status postCsection two weeks before who presents with retrosternal 7/10 severity and pressure like chest pain associated with nausea and vomiting for a few hours Th...

coronary artery disease diagnosis
Primary congenital anomalies of the coronary arteries and relation to atherosclerosis an angiographic study in Lebanon BackgroundThe most common cause of sudden cardiac death in young athletes is coronary artery anomalies Primary congenital anomaly of coronary arteries is one that is not nece...

coronary artery disease diagnosis
Assessment of coronary artery intimal thickening in patients with a previous diagnosis of Kawasaki disease by using high resolution transthoracic echocardiography our experience BackgroundKawasaki disease KD is a systemic vasculitis affecting infants and young children which may potentially i...

coronary artery disease diagnosis
Coronary artery involvement in pediatric Takayasus arteritis Case report and literature review BackgroundTakayasus arteritis TA is a chronic vasculitis that predominantly affects the aorta its main branches and the pulmonary arteries Although it is the third most common vasculitis worldwide th...

coronary artery disease diagnosis
Kawasaki Disease A Clinicians Update 1 IntroductionKawasaki disease KD is an acute systemic vasculitis which progresses to cause coronary artery abnormalitiesin 25 of untreated patients It has surpassed rheumatic heart disease as the leading cause of acquired cardiovascular disease in childre...

图 7.5　系统对于"冠状动脉疾病诊断"的返回结果

Document 1

Postpartum Coronary Vasospasm with Literature Review 1 Case ReportWe present a 38yearold gravida 1 para 1 African American female status postCsection two weeks before who presents with retrosternal 7/10 severity and pressurelike chest pain associated with nausea and vomiting for a few hours The pain was described as indigestion inducing gradual in onset multiple episodes intermittent and nonradiating chest pain and associated with shortness of breath No aggravating or alleviating factors were described The patient had no significant past medical history except for hypothyroidism and no family history of premature coronary artery disease The patient was a one pack per day smoker and quit ten years before There was no history of drug use or alcohol usePatients vital signs were stable with blood pressure 143/94 heart rate 85 body temperature 977 and respiratory rate of 20 In the emergency room she had a

图 7.6　系统对于"冠状动脉疾病诊断"返回的第一篇文档节选

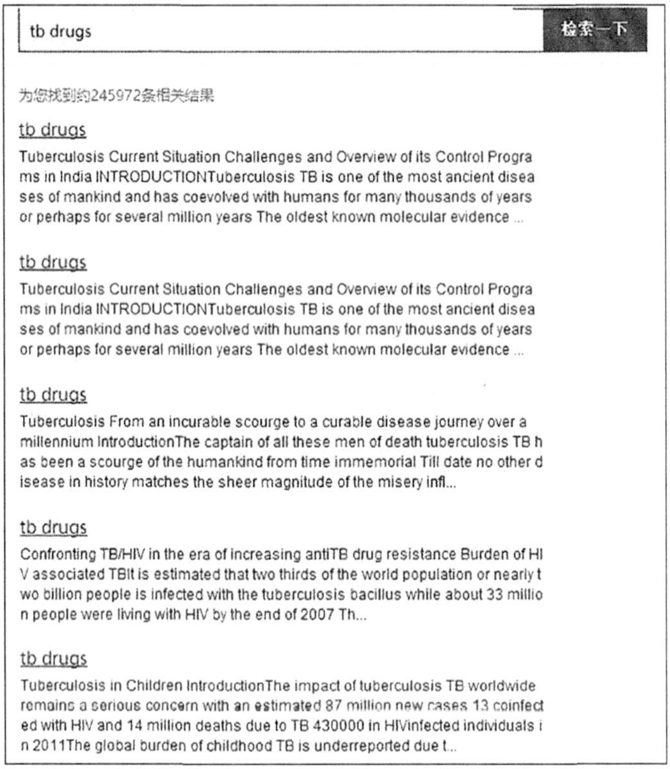

图 7.7　系统对于"肺结核药物"的返回结果

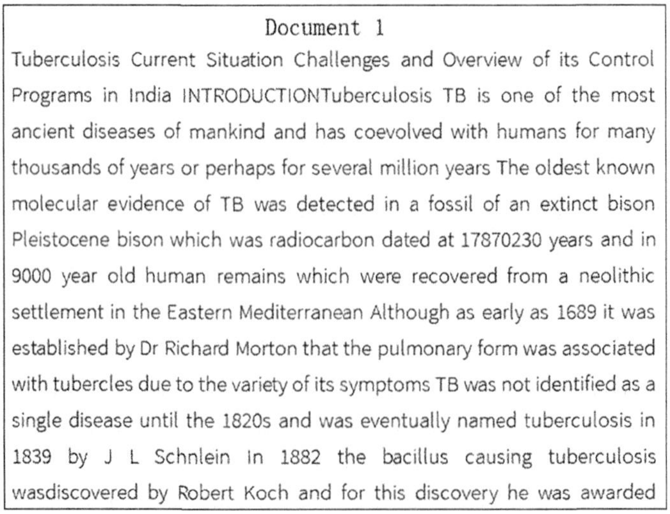

Document 1

Tuberculosis Current Situation Challenges and Overview of its Control Programs in India INTRODUCTIONTuberculosis TB is one of the most ancient diseases of mankind and has coevolved with humans for many thousands of years or perhaps for several million years The oldest known molecular evidence of TB was detected in a fossil of an extinct bison Pleistocene bison which was radiocarbon dated at 17870230 years and in 9000 year old human remains which were recovered from a neolithic settlement in the Eastern Mediterranean Although as early as 1689 it was established by Dr Richard Morton that the pulmonary form was associated with tubercles due to the variety of its symptoms TB was not identified as a single disease until the 1820s and was eventually named tuberculosis in 1839 by J L Schnlein In 1882 the bacillus causing tuberculosis wasdiscovered by Robert Koch and for this discovery he was awarded

图 7.8　系统对于"肺结核药物"返回的第一篇文档节选

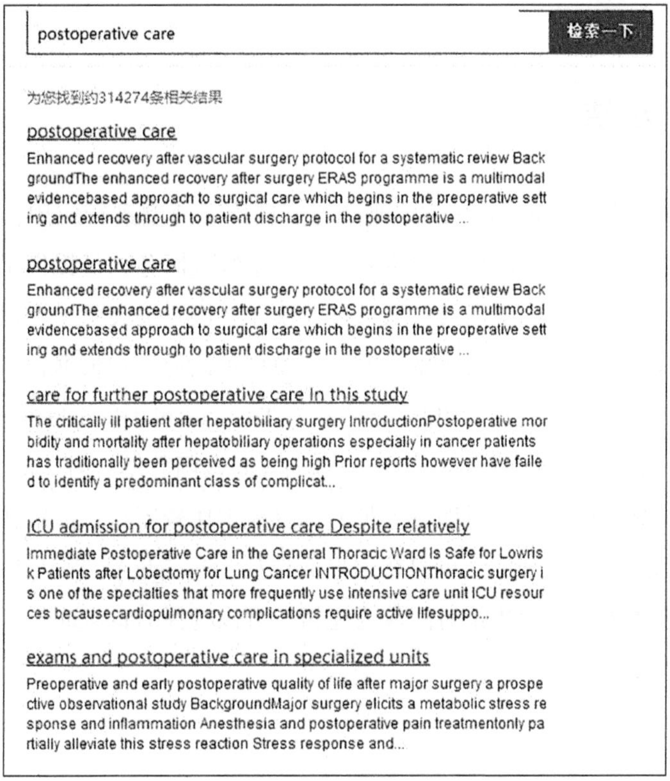
postoperative care 检索一下

为您找到约314274条相关结果

postoperative care

Enhanced recovery after vascular surgery protocol for a systematic review Back groundThe enhanced recovery after surgery ERAS programme is a multimodal evidencebased approach to surgical care which begins in the preoperative sett ing and extends through to patient discharge in the postoperative ...

postoperative care

Enhanced recovery after vascular surgery protocol for a systematic review Back groundThe enhanced recovery after surgery ERAS programme is a multimodal evidencebased approach to surgical care which begins in the preoperative sett ing and extends through to patient discharge in the postoperative ...

care for further postoperative care In this study

The critically ill patient after hepatobiliary surgery IntroductionPostoperative mor bidity and mortality after hepatobiliary operations especially in cancer patients has traditionally been perceived as being high Prior reports however have faile d to identify a predominant class of complicat...

ICU admission for postoperative care Despite relatively

Immediate Postoperative Care in the General Thoracic Ward Is Safe for Lowris k Patients after Lobectomy for Lung Cancer INTRODUCTIONThoracic surgery i s one of the specialties that more frequently use intensive care unit ICU resour ces becausecardiopulmonary complications require active lifesuppo...

exams and postoperative care in specialized units

Preoperative and early postoperative quality of life after major surgery a prospe ctive observational study BackgroundMajor surgery elicits a metabolic stress re sponse and inflammation Anesthesia and postoperative pain treatmentonly pa rtially alleviate this stress reaction Stress response and...

图 7.9 系统对于“肺结核药物”的返回结果

Document 1

Enhanced recovery after vascular surgery protocol for a systematic review BackgroundThe enhanced recovery after surgery ERAS programme is a multimodal evidencebased approach to surgical care which begins in the preoperative setting and extends through to patient discharge in the postoperative period This interprofessional goaldirected pathway involves surgeons nurses anaesthetists and physiotherapists It aims to accelerate the recovery of surgical patients while decreasing complications and reducing hospital length of stay Since the early 1990s the ERAS approach has gradually evolved to become the standard of care in colorectal surgery Advanced primarily by the Danish surgeon Dr Henrik Kehlet concepts in ERAS or fasttrack surgery for colorectal patients have been studied and implemented internationally Evidence from randomized controlled trials suggests that ERAS protocols effectively and safely hasten the recovery of

图 7.10 系统对于“术后护理”返回的第一篇文档节选

7.5 本章小结

　　本章将前文所提出的基于 DSP 理论的信息检索模型进行应用，初步实现了供医务人员使用的医学文献信息检索系统。该系统为医务人员提供了精准与便捷的信息检索服务，医务人员通过输入查询，快速获取相关文献，为医疗诊断、治疗与术后护理等方面提供参考方案。同时该模型可以使用户根据自身的实际需求选择对应的核函数进行查询。DSPF-MATF 与 Triangle 和 Triweight 核函数结合时，对前 10 篇文档查询准确率较高，当其与 Gaussian 核函数结合时，对前 20 篇文档查询准确率较高。因此，如果医务人员的信息需求比较紧迫，需要快速找到最相关的若干文献进行决策辅助，可以在主界面选择 Triweight 或 Triangle 核函数进行查询。如果医务人员医疗决策时间较为充裕，可以选择 Gaussian 核函数进行信息查询。

第 8 章 总结和展望

8.1 全书总结

本书提出了一个基于 DSP 理论与概念的信息检索模型构架 DSPF，介绍了该类检索模型的一般构建思想。同时基于该构架，分别引入了经典概率模型、统计语言模型、向量空间模型的词项权重计算方式，并提出了相应的模型 DSPF-BM25、DSPF-DLM、DSPF-MATF，详述了将不同种类模型权重计算方法引入框架的具体方式。并基于所提出的模型，初步构建了供医务人员使用的医学文献信息检索系统。详细而言，本书的主要创新工作与研究结论如下：

(1)本书提出了一个基于 DSP 理论与概念的信息检索模型构架 DSPF。它相对当前同类型构架 LSPR 而言有很多优势：DSPF 使用频谱表示查询，使用带阻滤波器表示文档，且对二者都采用了频域表示形式。二者表示形式的统一，省去了傅里叶变换过程，使滤波计算更加简单，使参数的调节更为直接，模型效果得以保证。此外，DSPF 可采用 Gaussian、Triangle、Cosine、Circle、Quartic、Epanechnikov 以及 Triweight 核函数形式表示查询词项的频谱，并设置了超参数，使模型在不同数据集下均可通过调优参数获取较高的查准率，这些优势 LSPR 框架均不具备。

(2)本书基于 DSPF 构架，引入概率模型、统计语言模型以及向量空间模型的词项权重计算方式，提出相应的模型 DSPF-BM25、DSPF-DLM 以及 DSPF-MATF，从而给出了将该构架与三种信息检索领域主流模型的结合方式。研究通过采用多个查准率指标，在多个数据集上将所提出的模型与若干检索领域经典检索模型进行效果对比实验，实验结果显示这些模型普遍表现出较好的检索效果。

本书对这些模型中的两个超参数分别进行了参数敏感性检验，并推荐了相应的取值区间，以保证模型的普遍适用性。

（3）本书根据所提出的模型，初步实现了可应用于医疗卫生服务机构的医学文献检索系统。它可以根据医务人员在系统内提交的查询表示，较为精确地返回相关文献，为医务人员的诊断、治疗方案指定等医疗环节提供重要辅助。该检索系统的界面提供了不同的检索核函数选项，医务人员可以根据用户自身的实际需求，选择对应的核函数进行查询。如果信息需求比较紧迫，需要快速找到最相关的若干文献进行决策辅助，可以在主界面选择 Triweight 或 Triangle 核函数进行查询，如果进行医疗决策的时间较为充裕，可以选择 Gaussian 核函数进行信息查询。

8.2 未来工作

本书旨在提出一种用于构建基于数字信号处理理论的信息检索构架的一般方式。研究努力尝试优化基于数字信号处理理论检索模型构架的各个方面与环节，尝试以更多形式的信号来表示查询词项。虽然本书所提出的构架与模型效果优良，但仍然存在着较大的可改进空间：

（1）查询中的词项已被表示为多种类型的频谱，而文档中的查询词项则仍被表示为三角带阻滤波器，本实验中尝试了其他若干种类型的滤波器，效果总体仍不如三角带阻滤波器稳定，但是否存在除三角带阻滤波器以外的其他类型的滤波器可作为文档中查询词项更合理的表示方式，值得未来进一步探索。

（2）本书基于 DSPF 模型构架，引入了三种词项权重计算方式，并均取得了较为理想的检索效果。由于本书中所提出的模型构架 DSPF 可结合任何一种模型中的权重计算方法，因此可以考虑尝试将该框架与其他模型继续结合，以提出更多更为有效的同类型检索模型。

（3）本书所提出的基于 DSPF 框架的模型在对文档进行评分时，完全基于查询词与文档词项之间的精准匹配。而在该类模型中采用合理的方式引入语义信息，以进一步提高模型查准率将是下一阶段的重要工作之一。

（4）本书中构架与模型的提出基于传统的滤波理论，而数字信号处理领域的现代自适应滤波理论可以被尝试引入我们的 DSPF 构架，以提出更有效的模型。

(5)基于本书所提出的 DSPF 构架与相应模型，同样可以借鉴领域内其他类似的研究[102][103]，将机器学习与深度学习方法尝试引入。此外，可以尝试将本书所提出的模型与构架，在更多的数据集上进行测试，比如 Liu、Feng、Huang 等在实验中使用的其他文档数据集[104][105][106]，或者尝试将所提出的模型置于实际应用中进行效果检验[107][108]。

(6)由于本研究所提出的信息检索模型与构架其宗旨是落脚于实际应用场景，本次研究尝试将 DSPF 框架与模型应用于医学文献检索系统，为医务人员提供更好的信息服务。而仍可以考虑将该类模型应用于其他行业领域。虽然本研究所提出的模型可以用于检索任何非结构文本数据，但是各个行业的非结构化数据均有各自的体征，因此，如何根据各个行业领域的数据特征，将现有的 DSPF 类模型更加适用于某特定行业数据的检索，仍值得进一步探究。

参 考 文 献

[1] 中华人民共和国国家互联网信息办公室. 中国互联网络发展状况统计报告 (第 44 次) [R]. http：//www. cac. gov. cn/2019-08/30/c_1124938750. htm.

[2] Efron M, Lin J, He J, Vries A D. Temporal feedback for tweet search with nonparametric density estimation[C]. In Proceedings of the 37th international ACM SIGIR conference on Research & Development in information retrieval, 2014：33-42.

[3] Din E, Ahmed S, Walid M. Web-based pseudo relevance feedback for microblog retrieval [C]. In Proceedings of The Twenty-First Text REtrieval Conference, TREC 2012.

[4] Heilman M, Smith N A. Tree edit models for recognizing textual entailments, paraphrases, and answers to questions[C]. In Human Language Technologies：The 2010 Annual Conference of the North American Chapter of the Association for Computational Linguistics, 2010：1011-1019.

[5] Kise K, Junker M, Dengel A, Matsumoto K. Passage retrieval based on density distributions of terms and its applications to document retrieval and question answering[C]. In Reading and Learning, 2004：306-327.

[6] Momtazi S, Klakow D. Aword clustering approach for language model-based sentence retrieval in question answering systems [C]. In Proceedings of the 18th ACM Conference on Information and Knowledge Management, 2009：1911-1914.

[7] Wieting J, Bansal M, Gimpel K, Livescu K. From paraphrase database to compositional paraphrase model and back [J]. Transactions of the Association for Computational Linguistics, 2015(3)：345-358.

[8]甘利人，高依旻．科技用户信息搜索行为特点研究[J]．情报学报，2005，31（24）：114-119.

[9]董玲，鞠雄艳．浅谈科技文献信息检索策略[J]．情报杂志，2011(30)：118-120.

[10]胡昌平，辛春华，张立．信息服务的社会监督——信息服务的技术质量监督[J]．情报学报，2001，20(1)：18-25.

[11]白雪．餐饮类位置信息服务的消费者信息检索行为研究[D]．华南理工大学，2012.

[12]李东进．消费者搜寻信息努力的影响因素及其成果与满意的实证研究[J]．管理世界，2002(11)：100-107.

[13]胡欣．语义检索技术在勘探生产门户中的应用研究[D]．西安石油大学，2018.

[14]何振环．基于信息检索的航空科技信息服务平台的设计与研究[D]．南昌航空大学，2013.

[15]徐献欣．城市公安局情报收集系统的设计与开发[D]．天津大学，2014.

[16]张洋．垂直搜索引擎的研究及在机场信息检索中的应用[D]．河北科技大学，2013.

[17]陈肖嵋．多源教育资源库信息检索与融合关键技术研究[D]．东南大学，2017.

[18]朱蕾．房地产网站信息服务质量评价研究[D]．黑龙江大学，2018.

[19]王倩倩．科技政策领域的个性化语义检索系统研究[D]．石家庄铁道大学，2016.

[20]许侃．面向专利检索的查询扩展研究[D]．大连理工大学，2017.

[21]张佳玥．电子病历检索中时序语义相似度研究[D]．北京邮电大学，2018.

[22]亢阳阳．基于语义分析的医疗信息搜索引擎的研究[D]．北京工业大学，2017.

[23]石倩倩．基于LDA和LSA的医学病历语义检索方法研究[D]．东北大学，2014.

[24]马文涛．面向电子病历文本分析的潜在语义分析应用研究[D]．浙江大学，

2016.

[25]Jones K S, Peter W. Readings in Information Retrieval[B]. Morgan Kaufmann, 1997.

[26]Voorhees E M, Harman D K. TREC: Experiment and Evaluation in Information Retrieval[M]. Cambridge: The MIT Press, 2005.

[27]Robertson S. Salton award lecture: On theoretical argument in information retrieval [C]. SIGIR Forum, 2000, 34(1): 1-10.

[28]Croft W, Lafferty J. Language Modeling for Information Retrieval[B]. Springer, Heidelberg, 2003.

[29]Fuhr N. A probability ranking principle for interactive information retrieval[J]. Journal of Information Retrieval, 2008, 11(3): 251-265.

[30]Cooper W. Getting beyond Boole[J]. Information Processing & Management, 1988, 24(3): 243-248.

[31]Van R, Cornelis J. A non-classical logic for Information Retrieval [J]. The Computer Journal, 1986, 29(6): 481-485.

[32]Fox E. Expending the Boolean and Vector Space Models of Information Retrieval with P-Norm Queries and Multiple Concept Types[D]. Cornell University, 1983.

[33]Salton G, Fox E, Wu H. Extended boolean information retrieval [J]. The Communications of the ACM, 1983, 26(1): 1022-1036.

[34]Rousseau R. Extended Boolean retrieval: a heuristic approach[C]. In Proceedings of the 13th Annual International ACM SIGIR Conference on Research and Development in Information Retrieval, 1990: 495-508.

[35]Salton Gerard. Automatic information organization and retrieval [B]. Addison Wesley, New York, 1968.

[36]Salton Gerard. Mathematics and information retrieval [J]. Journal of Documentation, 1979, 35(1): 1-29.

[37]Baeza-Yates R, Ribeiro-Neto B. Modern information retrieval [B]. Addison Wesley, New York, 1999.

[38]Salton G, Wong A, Yang C. A vector space model for automatic indexing[J].

Communications of the ACM, 1974, 18(11): 613-620.

[39] Salton G. Automatic text processing: the transformation, analysis, and retrieval of information by computer [B]. Addison-Wesley, New York, 1989.

[40] Salton G, Mcgill M J. Introduction to modern information retrieval [J]. Communications of the ACM, 1975, 18(11): 613-620.

[41] Karen S J. A statistical interpretation of term specifity and its application in retrieval[J]. Journal of Documentation, 1972, 28(1): 11-22.

[42] Salton G, Buckley C. Term-weighting approaches in automatic text retrieval[J]. Information Processing and Management, 1988, 24(5): 513-523.

[43] Harter S P. A probabilistic approach to automatic keyword indexing (part I) [J]. Journal of the American Society for Information Science, 1975, 26(4): 197-206.

[44] Harter S P. A probabilistic approach to automatic keyword indexing (part II) [J]. Journal of the American Society for Information Science, 1975, 26(5): 280-289.

[45] Bookstein A, Swanson D. A decision theoretic foundation for indexing[J]. Journal of the American Society for Information Science, 1975, 26(1): 45-50.

[46] Deerwester S, Dumais S, Landauer T, Furnas G, Harshman R. Indexing by latent semantic analysis [J]. Journal of the American Society for Information Science, 1990, 41(6): 391-407.

[47] Hofmann T. Probabilistic latent semantic indexing[C]. In Proceedings of the 22nd Annual International ACM SIGIR Conference on Research and Development in Information Retrieval, 1999: 50-57.

[48] Wong, Michael SK, Yao Y. A probability distribution model for information retrieval[J]. Information Processing and Management, 1989, 25(1): 39-53.

[49] Singhal A, Salton G, Mitra M, Buckley C. Document length normalization[J]. Information Processing & Management, 1996, 32(5): 619-633.

[50] Singhal A. Modern information retrieval: A brief overview [J]. Bulletin of the IEEE Computer Society Technical Committee on Data Engineering, 2001, 24

(4): 35-43.

[51]Fang H, Zhai C. An exploration of axiomatic approaches to information retrieval. In proceedings of the 28th annual international ACM SIGIR conference on research and development in information retrieval, 2005: 480-487.

[52]Paik J H. A novel tf-idf weighting scheme for effective ranking [C]. In proceedings of the 36th international ACM SIGIR conference on research and development in information retrieval, 2013: 343-352.

[53]Lv Y, Zhai C. Lower-bounding term frequency normalization[C]. In proceedings of the 20th ACM international conference on information and knowledge management, 2011: 7-16.

[54]Amati G, Rijsbergen C J V, Joost C. Probabilistic models of information retrieval based on measuring the divergence from randomness[J]. ACM Transactions on Information Systems, 2002, 20(4): 357-389.

[55]He B, Ounis I. A study of the dirichlet priors for term frequency normalisation [C]. In proceedings of the 28th annual international ACM SIGIR conference on research and development in information retrieval, 2005: 465-471.

[56]Robertson S E, Jones, Jones K S. Relevance weighting of search terms [J]. Journal of the American Society for Information Science, 1976, 27(3): 129-146.

[57]Robertson S E, Walker S. Some simple effective approximations to the 2-poisson model for probabilistic weighted retrieval[C]. In proceedings of the 17th annual international ACM-SIGIR conference on research and development in information retrieval, 1994: 232-241.

[58]Robertson S E, Walker S, Jones S, et al. Okapi at TREC-3[C]. In proceedings of the third text retrieval conference, 1994: 109-126.

[59]Fang H, Zhai C. An exploration of axiomatic approaches to information retrieval [C]. In proceedings of the 28th annual international ACM SIGIR conference on research and development in information retrieval, 2005: 480-487.

[60]He B, Ounis I. A study of the Dirichlet priors for term frequency normalization [C]. In Proceedings of the 28th Annual International ACM SIGIR Conference on

Research and Development in Information Retrieval, 2005: 465-471.

[61] Liu B, An X, Huang J X. Using term location information to enhance probabilistic information retrieval [C]. In proceedings of the 38th international ACM SIGIR conference on research and development in information retrieval, 2015: 883-886.

[62] Zhao J, Huang J X, He B. CRTER: using cross terms to enhance probabilistic information retrieval [C]. In proceeding of the 34th international ACM SIGIR conference on research and development in information retrieval, 2011: 155-164.

[63] Gey F C. Inferring probability of relevance using the method of logistic regression [C]. In proceedings of the 17th annual international ACM-SIGIR conference on research and development in information retrieval, 1994: 222-231.

[64] Fuhr N, Buckley C. A probabilistic learning approach for document indexing[J]. ACM Transactions on Information Systems, 1991, 9(3): 223-248.

[65] Robertson S E, Zaragoza H, Taylor M. Simple BM25 extension to multiple weighted fields [C]. In proceedings of the 2004 ACM CIKM international conference on information and knowledge management, 2004: 42-49.

[66] Jones K S, Walker S, Robertson S E. A probabilistic model of information retrieval: Development and comparative experiments (Part 1) [J]. Information Processing and Management, 2000, 36(6): 779-808.

[67] Jones K S, Walker S, Robertson S E. A probabilistic model of information retrieval: Development and comparative experiments (Part 2) [J]. Information Processing and Management, 2000, 36(6): 809-840.

[68] Rijsbergen C J V. Information Retrieval [B]. Butterworth, 1979.

[69] Zhai C, Lafferty J. A study of smoothing methods for language models applied to information retrieval. ACM Transactions on Information Systems (TOIS), 2004, 22(2): 179-214.

[70] Zhai C, Lafferty J. Two-stage language models for information retrieval. In proceedings of the 25th annual international ACM SIGIR conference on research and development in information retrieval. 2002: 49-56.

[71] Metzler D, Lavrenko V, and Croft W B. Formal multiple-bernoulli models for

language modeling. In proceedings of the 27th annual international ACM SIGIR conference on research and development in information retrieval, 2004: 540-541.

[72] Lafferty J, Zhai C. Document language models, query models, and risk minimization for information retrieval [C]. in proceedings of the 24th annual international ACM SIGIR conference on research and development in information retrieval, 2001: 111-119.

[73] Lavrenko V, Croft W B. Relevance based language models[C]. In proceedings of the 24th annual international ACM SIGIR conference on research and development in information retrieval, 2001: 120-127.

[74] Metzler D, Strohman T, Croft B W. Information retrieval in practice[B]. Pearson Education (US), 2009.

[75] Shi S, Wen J, Yu Q, Song R, Ma W. Gravitation-based model for information retrieval [C]. in proceedings of the 28th annual international ACM SIGIR conference on research and development in information retrieval, 2005: 488-495.

[76] Rijsbergen K V. The geometry of information retrieval [B]. Cambridge University Press, 2004.

[77] Melucci M, Rijsbergen K V. Advanced topics in information retrieval [B]. Springer, 2011.

[78] Park L A, Ramamohanarao K, Palaniswami M. A novel document retrieval method using the discrete wavelet transform[J]. ACM Transactions on Information Systems, 2005, 23(3): 267-298.

[79] Costa A, Melucci M. An information retrieval model based on discrete fourier transform[C]. In proceedings of the first information retrieval facility conference, 2010: 84-99.

[80] Costa A, Buccio E D, Melucci M. A document retrieval model based on digital signal filtering[J]. ACM Transactions on Information Systems, 2015, 34(1), 6: 1-37.

[81] Zhu D, Carterette B. Improving health records search using multiple query expansion collections [C]. In proceedings of the IEEE international conference on

bioinformatics and biomedicine, 2012: 1-7.

[82] Leveling J, Zhou D, Jones G J F, Wade V. Document expansion, query translation and language modeling for ad-hoc IR [C]. In the proceedings of the 10th Workshop of the Cross-Language Evaluation Forum, 2009: 58-61.

[83] Oh H S, Jung Y. Cluster-based query expansion using external collections in medical information retrieval [J]. Journal of Biomedical Informatics, 2018, 58: 70-79.

[84] Liu X, Croft W B. Cluster-based retrieval using language models [C]. In proceedings of the 27th annual international ACM SIGIR conference on research and development in information retrieval, 2004: 186-193.

[85] Zhang J, Gao J, Zhou M, Wang J. Improving the effectiveness of information retrieval with clustering and fusion [J]. International Journal of Computational Linguistics & Chinese Language Processing, 2001, 6(1): 109-125.

[86] Tinsley B, Thomas A, McCarthy J F, Lazarus M. Atigeo at TREC 2012 medical records track: ICD-9 code description injection to enhance electronic medical record search accuracy [C]. In proceedings of the 21th text retrieval conference, 2012: 72-77.

[87] Bedrick S, Edinger T, Cohen A, Hersh W. Identifying patients for clinical studies from electronic health records: TREC 2012 medical records track at OHSU [C]. In proceedings of the 21th Text Retrieval Conference, 2012: 458-467.

[88] Amini I, Sanderson M, Martinez D, Li X. Using meta-data to search for Clinical Records: RMIT at TREC 2012 Medical track [C]. In proceedings of the 21th text retrieval conference, 2012: 496-504.

[89] 李纲, 毛进, 芦昆. 医学信息检索中一种基于概念的查询相关模型 [J]. 情报学报, 2014, 33(3): 239-249.

[90] 蔡飞. 面向信息精准服务的信息检索与查询推荐方法研究 [D]. 国防科学技术大学, 2016.

[91] 耿爽, 杨辰, 牛奔, 蚁文洁, 刘雷. 面向企业信息检索的语义扩展查询方法 [J]. 情报学报, 2019, 38(7): 742-749.

[92] Zhai C, Lafferty J. A study of smoothing methods for language models applied to ad hoc information retrieval [C]. In the proceedings of the ACM SIGIR Forum, 2017, 51(2): 268-276.

[93] Oppenheim A V, Willsky A S, Nawab S H. Signals & Systems [B]. Prentice Hall, Upper Saddle River, NJ, 1996.

[94] Oppenheim A V, Schafer R W, and Buck J R. Discrete-Time Signal Processing [B]. Prentice Hall, Upper Saddle River, NJ, 1999.

[95] Mitra S K. Digital Signal Processing: A Computer-Based Approach [B]. McGraw-Hill, New York, NY, 2006.

[96] Wei X, Croft W B. LDA-based document models for ad-hoc retrieval [C]. In proceedings of the 29th annual international ACM SIGIR conference on research and development in information retrieval, 2006: 178-185.

[97] Zhao J, Huang J X, He B. CRTER: Using cross terms to enhance probabilistic information retrieval [C]. In the proceedings of the 34th international ACM SIGIR conference on research and development in information retrieval, 2011: 155-164.

[98] Porter M E. An algorithm for suffix stripping [J]. Program: Electronic Library and Information Systems, 2006, 14(3): 130-137.

[99] Allan J, Connell M E, Croft W B, Feng F, Fisher D, Li X. Inquery and trec-9 [C]. In proceedings of the 9th text retrieval conference, 2000.

[100] Robertson S E, Walker S, Beaulieu M, Gatford M, Payne A. Okapi at trec-4 [C]. In proceedingsof the 4th text retrieval conference, 1995: 73-97.

[101] Zhao J, Huang J X, Ye Z. Modeling term associations for probabilistic information retrieval [J]. ACM Transactions on Information Systems. 2014, 32 (2), 7: 1-47.

[102] Huang J X, Peng F, Schuurmans D, Cercone N, Robertson S E. Applying machine learning to text segmentation for information retrieval [J]. Information Retrieval, 2003, 6(3-4): 333-362.

[103] Liang Z, Zhang G, Huang J X, Hu V Q. Deep learning for healthcare decision making with emrs [C]. In the proceedings of 2014 IEEE international conference

on bioinformatics and biomedicine, 2014: 556-559.

[104] Liu Y, Huang J X, An A, Yu X. ARSA: a sentiment-aware model for predicting sales performance using blogs[C]. In proceedings of the 30th annual international ACM SIGIR conference on research and development in information retrieval. 2007: 607-614.

[105] Feng W, Zhang Q, Hu G, Huang J X. Mining network data for intrusion detection through combining svms with ant colony networks [J]. Future Generation Computer Systems, 2014, 37: 127-140.

[106] Huang J X, Hu V Q. A bayesian learning approach to promoting diversity in ranking for biomedical information retrieval [C]. in proceedings of the 32nd international ACM SIGIR conference on research and development in information retrieval, 2009: 307-314.

[107] Yu X, Liu Y, Huang J X, An A. Mining online reviews for predicting sales performance: A case study in the movie domain [J]. IEEE Transactions on Knowledge and Data engineering, 2010, 24(4): 720-734.

[108] Yin X, Huang J X, Li Z, Zhou X. A survival modeling approach to biomedical search result diversification using Wikipedia [J]. IEEE Transactions on Knowledge and Data Engineering, 2012, 25(6): 1201-1212.

后　记

　　本书的主要创新工作是提出了若干基于数字信号处理理论的高查准率文本检索模型，并同时提出了构建该类模型的一般方法。本研究创新思路的产生并非偶然，一是得益于笔者在本科阶段所学专业提供的新的视角及理论支持；二是每当在研究中遭遇方法与工具的瓶颈时，习惯于尝试从其他学科领域理论与方法中寻求破解路径。但对于本书，可供参考的直接相关的研究成果极其有限，因此在研究的最初阶段历经了不少挫折。感谢自己最初的勇敢与执着，更感谢那些在笔者成长之路上给予重要支持与帮助的老师和朋友。

　　本书得以完成，离不开几年前在华中师范大学攻读博士学位过程中各位老师的悉心指导与同学的帮助。首先，衷心感谢笔者的博士生导师黄湘冀（Jimmy Xiangji Huang）老师。黄老师是一位治学态度十分严谨的学者，在培养过程中的各个环节把关细致入微，这般治学与处事风格对笔者现今的职业生涯影响甚大。衷心感谢华中师大计算机学院前院长何婷婷老师，何老师是实验室大家庭的大家长，虽然日常工作繁忙，但在那些年里从学术、生活、心理等各个方面给予我很多关怀与帮助。非常感谢华中师大罗静老师、段尧清老师、李玉海老师、李延晖老师、夏立新老师、郑世珏老师、王学东老师、王伟军老师、曹高辉老师、董庆兴老师、涂新辉老师、周光有老师、张茂元老师、段钊老师、卢新元老师、刘向老师给予的重要帮助与指导。感谢博士学位论文答辩委员会上特别邀请到的评审专家武汉大学王先甲老师、华中科技大学同济医学院邓朝华老师对博士论文最后的修改工作提供了宝贵意见。感谢华中师大信息管理学院张乾红老师、李静老师、张珺老师与计算机学院倪敏老师、曹闯老师给予的帮助。感谢华中师大师兄简芳洪博士在笔者研究的最初阶段给予的重要指导以及整个读博过程中给予的督促与鼓励。感谢信阳师范学院物理电子工程学院郭建涛老师以及读博阶段同实验

122

室同学潘敏博士在研究的实验阶段给予的重要帮助。感谢华东师范大学博士周杰在研究中给予的重大帮助。感谢读博阶段同实验室的黄翔师弟在检索系统实现阶段给予的技术方面的帮助。感谢华中师大信息管理学院同学郑璐、邓帅、黄英辉给予的帮助。感谢王俊美、张淼、王逾凡对于本书编写中存在问题给予的指正，感谢华中师大研究生院丁宇老师在公派出国留学资格申请阶段给予的重要帮助，衷心感谢中国留学基金委与中国留学服务中心的老师们。

此外，特别感谢笔者的硕士生导师李全亮老师在笔者攻读硕士学位期间对于学术研究方法与学术写作方法方面给予的重要启蒙指导，这些方法论层面的引导为笔者后期读博及工作期间的研究学习打下了坚实基础，也成为日后将要远航的学术海洋中的灯塔。感谢湖南师范大学旅游学院院长王兆峰教授对于本书投稿过程中提出的宝贵建议与重大支持。感谢武汉大学出版社团队、感谢责任编辑唐伟老师、责任校对李孟潇老师、版式设计马佳老师对本书出版全程作出的重要贡献。

最后，感谢父亲应后权先生还有母亲刘力伟女士。